CB073028

180 graus 2
Medida transbordante

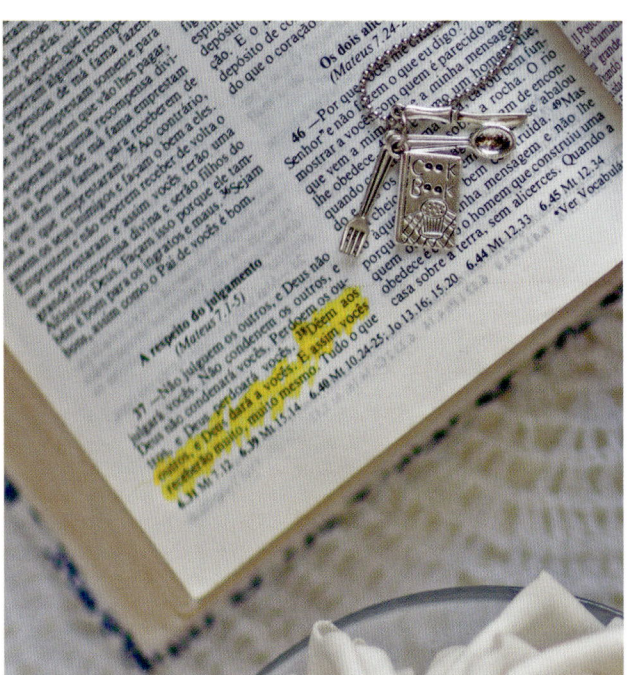

Cristina Girardi Schatzmann

180 graus 2
Medida transbordante

Publicações
Pão Diário

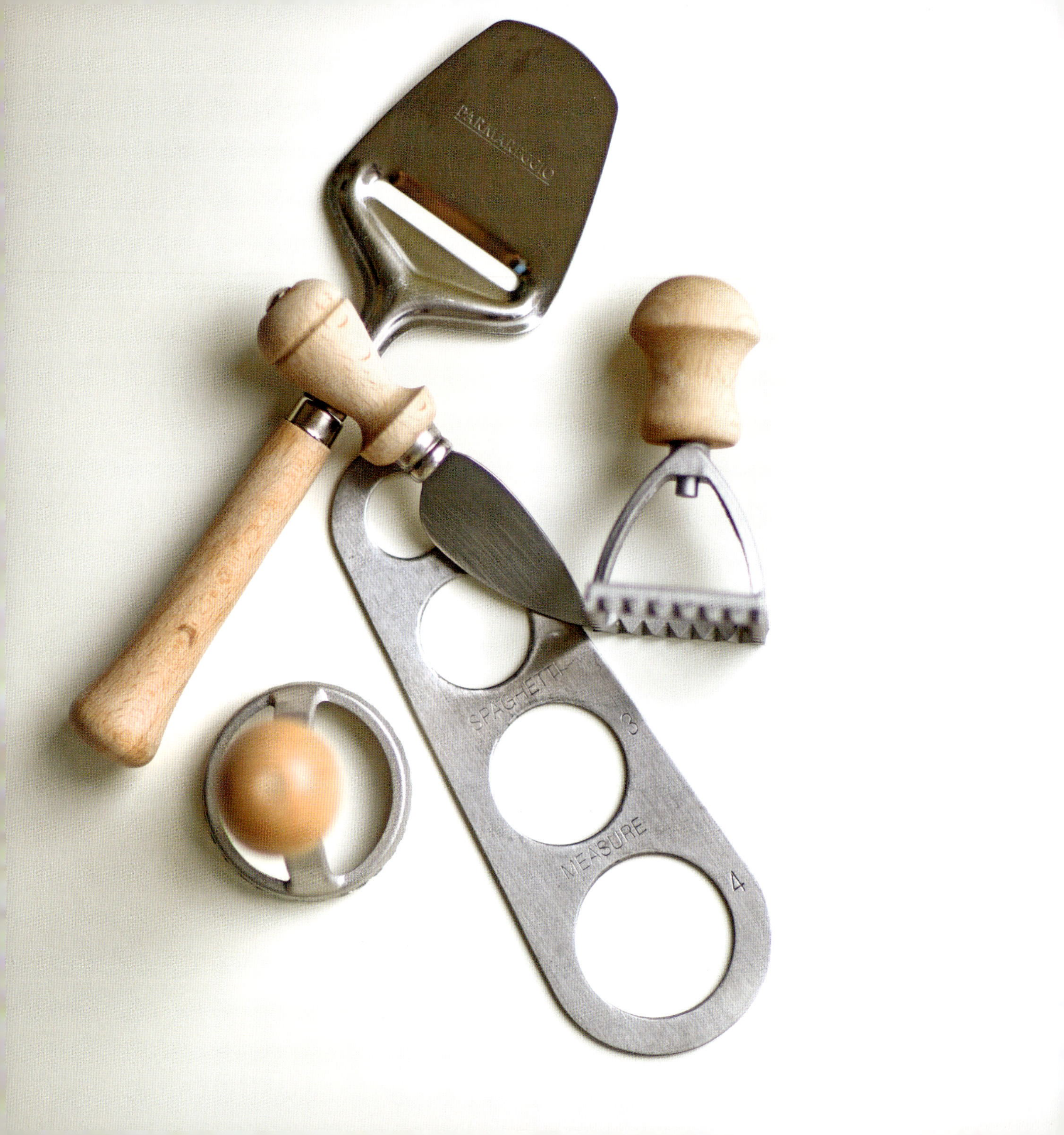

PARMAREGGIO
SPAGHETTI
3
MEASURE
4

O princípio do amor

10

O jeito de amar

22

O doce fim

44

O transbordante

54

Gratidão

Com toda gratidão, louvo meu bondoso Deus que me amou e,
de uma maneira exageradamente apaixonada, se entregou como sacrifício por mim.
Tão generoso que se fez carne, me deu uma deliciosa vida abundante e me presenteou com
"…toda sorte de bênção espiritual nas regiões celestiais em Cristo" (EFÉSIOS 1:3, ARA). Sou Tua, Senhor.

Ao meu marido Fernando, amor da minha vida.
Obrigada pelo seu apoio, encorajamento e pelas incríveis fotografias deste livro!
Que continue sempre assim: nas mais escuras ou nas mais lindas noites de luar,
a gente dançando coladinho no ritmo das batidas do coração do Pai...

À minha mãe Silvia. Você me inspira a ser amiga corajosa,
guerreira querida e filha fiel ao Senhor assim como você é. Linda!
Meu muito amado pai Aristides, meus irmãos Julio e Leonardo tão incríveis,
minha cheirosa vovó Alexandrina (que prepara o melhor franguinho com quiabo do universo),
cunhadas, cunhados, sobrinhos, tios, primos... Quando estou com vocês é festa garantida no meu coração!
E sempre o cardápio é muito bom, não é? Obrigada por me abençoarem tanto. Amo todos vocês!

Aos meus queridos Pr. Paschoal e Cleusa Piragine e Pr. Ronnie e Telesa Kendall.
Com vocês, aprendi que para Deus oferecemos sempre o melhor
e que pessoas são mais importante do que as coisas. Minha gratidão, respeito, admiração e amor.

Aos meus amigos queridos que são tantos!
Sem vocês minha vida seria totalmente "sem sal". Amo cada um de vocês.

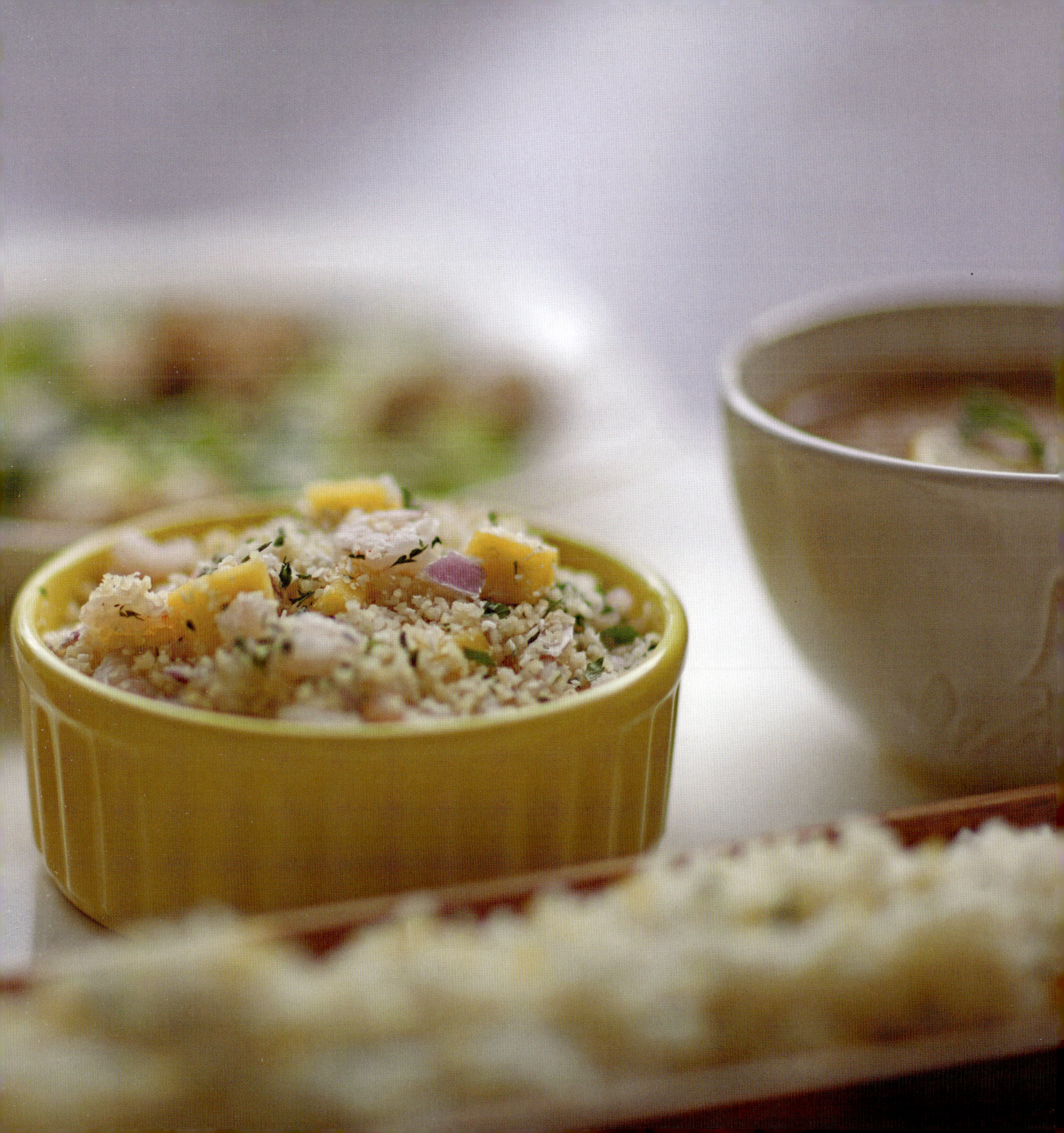

Introdução

Já era tarde da noite. Mas eu insistia em procurar uma nova receita, deliciosa e surpreendente. Queria algo suave, doce, aconchegante e diferente para acabar com aquela vontade louca de comer qualquer coisa bem gostosa antes de dormir. Talvez toda aquela ansiedade fosse o prenúncio de uma noite especial. Eu sabia que algo iria acontecer.

Na pilha de livros e cadernos de receitas me perdi por horas e, quanto mais eu procurava, mais eu me perdia. Depois de tanto caminhar por páginas lindas, cheias de fotos inspirativas e de salivar, salivar, salivar, finalmente a encontrei: a receita perfeita! Era exatamente aquilo que eu gostaria de comer.

Separando os ingredientes, encontrei o trigo em um pacote fechado, daqueles de papel, dentro do armário de mantimentos. Retirei o que eu iria precisar para minha estupenda receita e resolvi que era importante tirar o restante do pacote e colocar num recepiente fechado antes de guardá-lo no armário outra vez. Então me distraí: eu tinha um único recipiente vazio. Comparando-o com a quantidade de trigo que havia, concluí: não vai caber. Foi então que Ele começou a falar ao meu coração.

> *Deem, e lhes será dado: uma boa medida, calcada, sacudida e transbordante será dada a vocês. Pois a medida que usarem, também será usada para medir vocês.* —LUCAS 6:38 (NVI)

Jesus descreve a cena de um recipiente sendo completado, como uma saca de grãos ou algo assim. Tudo começa com uma boa e generosa medida. Se sacudimos a saca, tudo que está dentro se assenta e se torna possível colocar mais. Despejar, sacudir e despejar mais! Até transbordar.

É assim que Deus quer nos presentear. Confiando nosso melhor à Ele e aos outros, a promessa é de que receberemos muito mais. Dê amor e receberá transbordante amor. Perdoe e entenderá mais profundamente o perdão sem medida que recebeu. Seja carinhosa, e uma boa medida de carinho encherá seu coração. Dê abraços, beijos, afagos e seu colo de compaixão. Dê gentileza, bondade, fidelidade, honestidade, justiça e mansidão. Dê seus bens. Servindo a todos, sempre seremos completas. Como temos um Deus generoso, o que recebemos é tão sublime que não cabe em nossas mãos. O que nos resta é somente compartilhar. E então lindamente nos tornamos generosas também.

Eu não me lembro mais qual era aquela receita incrível e porque eu não a preparei. Meu coração estava satisfeito. Ali, naquela cozinha que acabara de se tornar solo sagrado, tarde da noite, eu percebi que Ele estava ao meu lado, sussurrando em meu coração: "Dê. E da mesma maneira lhe será dado. Portanto, não dê julgamentos, não devolva indiferenças e dor. Compartilhe e perpetue somente o meu amor porque eu a amo transbordantemente."

Que este livro seja apenas um pouco de tudo aquilo que o Senhor anseia derramar no seu coração. Permita-o encher e sacudir a sua vida.

E que fim levou o trigo? Derramei uma boa medida no recepiente. Sacudia e colocava mais, sacudia e colocava mais... E coube tudinho!

Cristina Girardi Schatzmann

SOPA DE LENTILHAS

GAZPACHO

CAESAR SALAD

CUSCUZ BRASILEIRO

SMOOTHIE

O princípio do amor

Entrada

Prova de amor

*Todos comeram e ficaram satisfeitos; e os discípulos ainda encheram
sete cestos com os pedaços que sobraram.* —MATEUS 15:37

Todo alimento é prova de amor. Toda refeição é provisão. Em cada garfada, em cada mordida, em cada gole, encontramos a fidelidade de Deus. Cada prato de comida é conforto e sustento para o corpo e para o coração. Nunca comemos pedra porque nosso Pai sempre nos abençoou com o pão. Mas a bênção só existe porque toda abundância deve ser compartilhada. Se o mantimento falta à mesa ou à alma de alguém, foi porque não demonstramos tanto amor quanto deveríamos.

É nosso privilégio não impedir o abundante derramar do amor que recebemos, acabando com a miséria e com a sede de alguém. Repartindo o pão, matamos a fome do oprimido e sua solidão. Esquentamos a mais fria noite ou fartamos a mais faminta manhã daqueles que experimentam nosso desprendimento em dividir e ofertar.

Quando convidamos alguém para se sentar à nossa mesa, não oferecemos somente comida, mas comunhão. O cheiro gostoso, o sabor marcante e o carinho ao servir é sinal do amor de Deus envolvendo quem entrega e quem recebe. Amar é abastecer o próximo como um todo, dando-lhe suprimentos e novas forças para que ele continue o seu caminhar e conheça o mesmo Deus que conhecemos: o Deus que satisfaz.

Sopa de lentilhas

- 1 colher (sopa) de manteiga
- 1 cebola picada
- 1 cenoura
- 2 batatas
- 1 xícara de lentilhas
- 7 xícaras de água
- Sal, pimenta, cominho, páprica e hortelã a gosto

Doure a cebola e os legumes descascados e picados na manteiga. Acrescente a lentilha e o restante dos ingredientes e cozinhe por cerca de 20 minutos. Bata no liquidificador (ou use um mixer) até a sopa ficar bem cremosa. Se quiser, finalize com um fio de azeite de oliva e suco de limão. Aconchegante!

*Querido Deus: Que no dia de hoje eu seja
Tuas mãos generosas para alguém.*

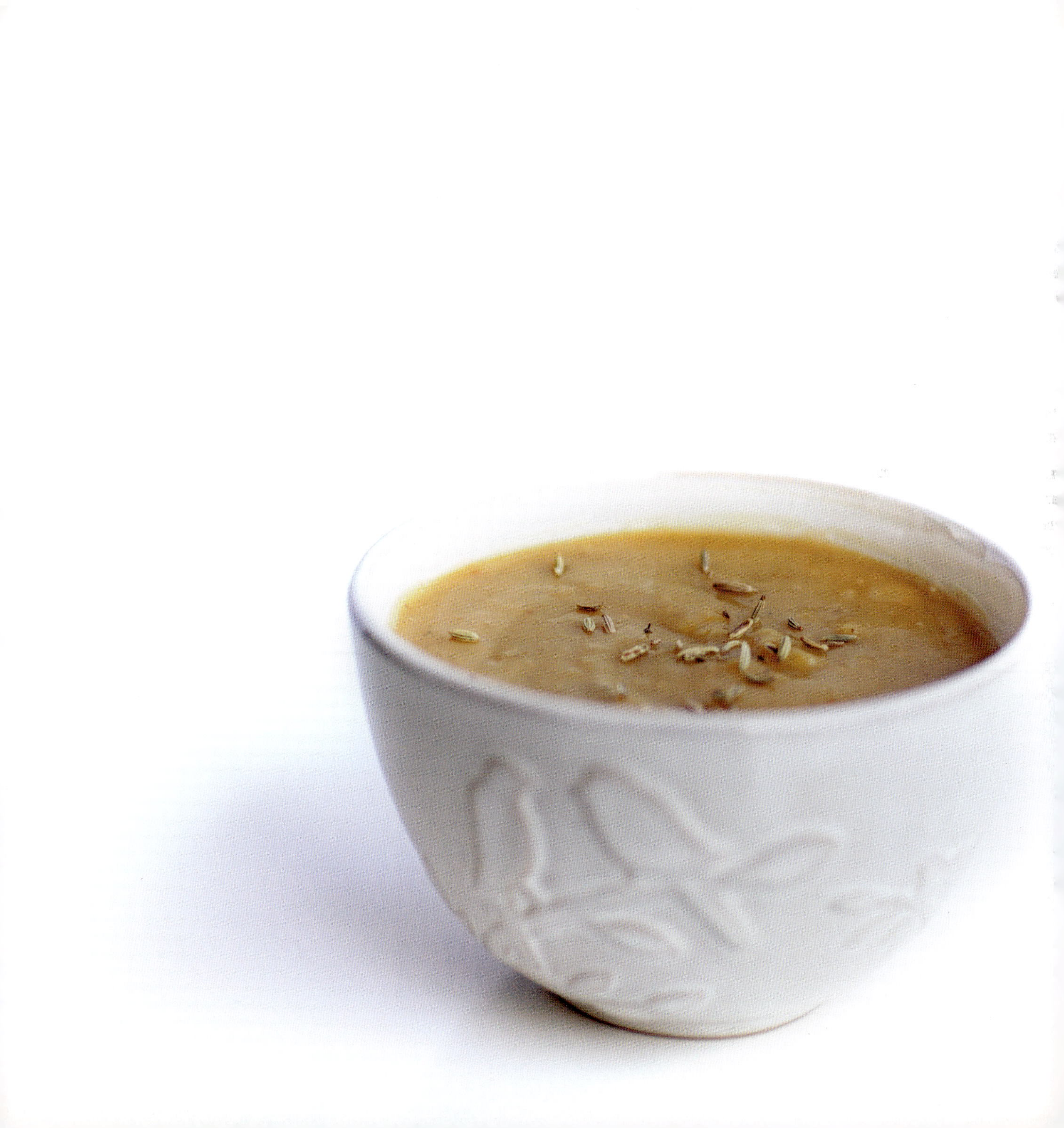

A Ele seja nosso coração

O povo que vive na escuridão verá uma forte luz!
E a luz brilhará sobre os que vivem na região escura da morte! —MATEUS 4:16

Eu vivia para mim mesma. Pensava que meu vazio e minha dor eram as maiores do planeta. Eu até queria mudar, mas não conseguia. No grande cabo de guerra que acontecia dentro de mim, o time "natureza pecaminosa", com todo seu orgulho, vencia outra vez. Ninguém poderia saber sobre minhas frustradas tentativas de mudança nem sobre minhas vergonhosas decisões. Eu escondia tudo de todos. Menos dele.

Até que então eu me rendi e, na rendição, encontrei alívio. A luz entrou e eu enxerguei toda a sujeira. Quando confessei meus pecados, a escuridão se foi, junto com todo o seu lixo. Finalmente eu estava livre!

Agora Ele tem toda minha reverência e submissão. Ele é minha leveza, meu amor, meu frescor, minha coragem, minha vontade, meu tesouro… Ele é a razão dos meus dias.

Ao Cristo vivo seja minha vida. A Ele seja o meu e também o seu coração.

Gazpacho

- 1 dente de alho
- 3 tomates
- 2 pimentões vermelhos
- 2 pepinos
- 1 cebola
- 1 fatia de pão
- ½ xícara de água
- 1/3 xícara de azeite de oliva
- 2 colheres (sopa) de vinagre
- 1 colher (sopa) de maionese
- Sal e pimenta a gosto

Descasque o alho, a cebola e o pepino. Corte todos os legumes em pedaços grandes.

Bata tudo no liquidificador com a água e depois, se desejar, coe com uma peneira. Adicione azeite, vinagre e maionese e misture a sopa fria até ficar homogênea e cremosa. Tempere com sal e pimenta. Deixe na geladeira durante 2 horas. Decore com folhinhas de menta, *croutons*, azeite de oliva ou gelinhos de iogurte.

Gelinhos de iogurte

Coloque iogurte natural em forminhas de gelo e deixe no congelador.

Pai de amor: meu coração é todo Teu.
Obrigada pela liberdade que encontro em ti.

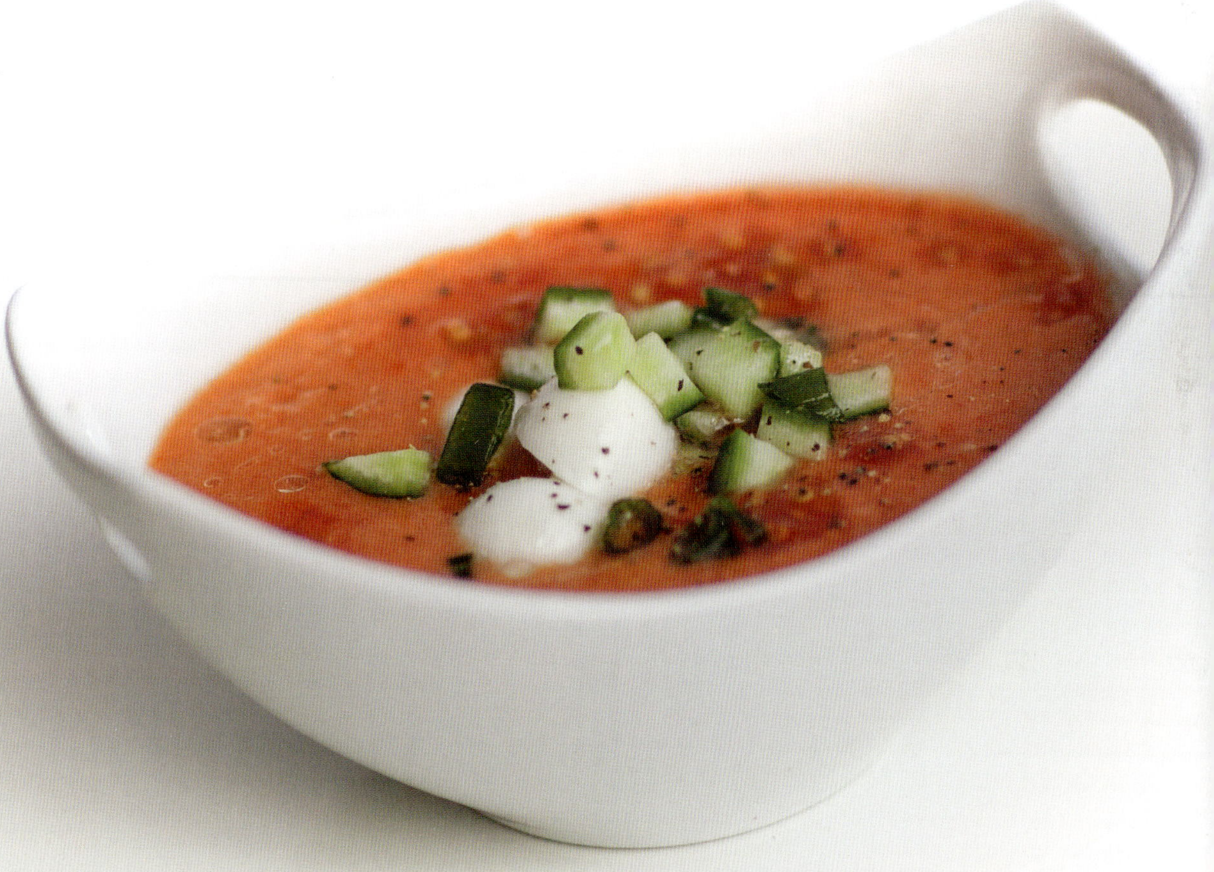

Simples assim

*Antes de formares os montes e de começares a criar a terra e o Universo,
tu és Deus eternamente, no passado, no presente e no futuro.* —SALMO 90:2

Antes de você existir, Ele era. Antes do seu problema surgir, Ele era. Antes que tudo desabasse, Ele era. Antes de você se destacar entre tantos, Ele era. Antes da sua derrota, Ele era. Antes mesmo de você tomar uma decisão bem analisada e argumentada sobre Sua existência, Ele era. Ele era e sempre será.

O que é novidade para nós é algo tão rudimentar e arcaico para Ele, mas ainda importante, porque Ele nos ama profundamente. Ele se compadece do nosso sofrimento e aguarda ansioso o convite para participar de nossas celebrações. O finito nunca compreenderá o Infinito.

Descanse nas mãos daquele que é o Princípio e o Fim, pois nada pode o surpreender ou assustá-lo. Conheça Jesus e a eterninade inundará seus pensamentos e seu coração.

Caesar Salad

- 1 alface americana
- 2 dentes de alho amassados
- ½ xícara de azeite de oliva
- ½ xícara de queijo parmesão ralado
- 1 colher (sopa) de suco de limão
- 1 colher (chá) de mostarda
- 1 colher (chá) de molho de soja
- 1 a 2 anchovas
- sal e pimenta a gosto
- cubinhos de pão torrado

Lave bem e rasgue as folhas da alface. À parte, prepare um molho com o restante dos ingredientes misturando bem. Junte o molho às folhas e misture. Sirva com cubinhos de pão torrado e mais um pouco de queijo parmesão. Simples assim!

Obrigada por seres um Deus tão presente!

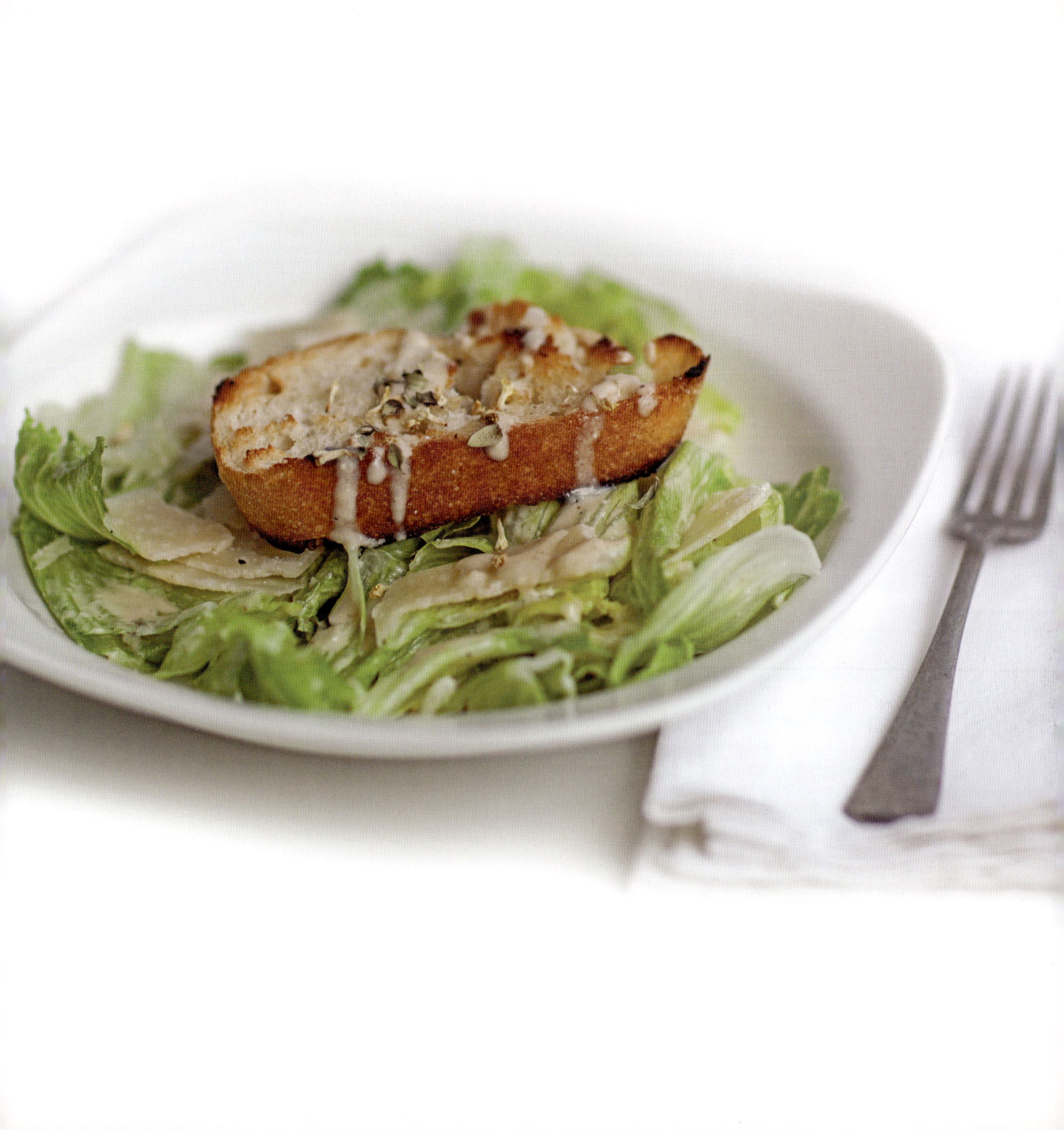

Presente de Deus

... façam tudo para a glória de Deus. —1 CORÍNTIOS 10:31

Uma entrada, uma salada, um prato principal, sobremesa e bebida. Uns temperos, uns molhinhos, alguns ingredientes e no final, sal e pimenta a gosto. Assado, cozido, frito ou cru. Sem muitas novidades. Cozinhar seria sempre a mesma coisa se não fosse um detalhe. À imagem e semelhança do nosso Criador, fomos feitas criativas. Além disso, somos equipadas por Ele com os mais diversificados talentos. A preciosidade da cozinha e da vida está na infinidade de sabores, texturas, cores, cheiros e suas perfeitas combinações.

Mesmo que você seja daquelas que se esquecem de tirar as lâminas de plástico que separam as fatias da massa pronta de lasanha antes de usá-las, há incríveis outros talentos em você que foram colocados pelo próprio Deus. O talento pega a paixão e a criatividade pelas mãos e juntos temperam nossa vida. Com esses ingredientes chegamos a todos os lugares e trazemos de lá novos desafios. Talento é glorificá-lo em serviço e inspiração. É presente de Deus dado a outros através de você.

Expressar e exercitar os talentos é viver o que Ele tem para nós, espalhando Sua beleza e sendo as pessoas certas, nos lugares certos.

Cuscuz brasileiro

- 1 xícara de cuscuz ou bulgur
- 1 xícara de camarões
- 1 xícara de manga picada
- 1/3 xícara de coco ralado fresco
- 2 colheres (sopa) de coentro picado
- 1 colher (sopa) de cebola roxa picada
- ¼ xícara de azeite de oliva
- suco de 1 limão
- sal e pimenta a gosto

Cozinhe os camarões limpos em água fervente por 2 minutos. Retire a panela do fogo, coloque a tampa e deixe por mais 5 minutos para terminar o cozimento. Escorra e reserve. Coloque o cuscuz ou o bulgur em um recipiente com 1 xícara de água fervente, cubra e aguarde 20 minutos, até que fique bem hidratado. Enquanto isso, em uma tigela menor, misture o azeite com o suco de limão e derrame sobre o cuscuz. Misture todos os outros ingredientes e tempere com sal e pimenta. Bom apetite!

Que meus atos criativos tragam mais glória e honra a ti, Jesus.

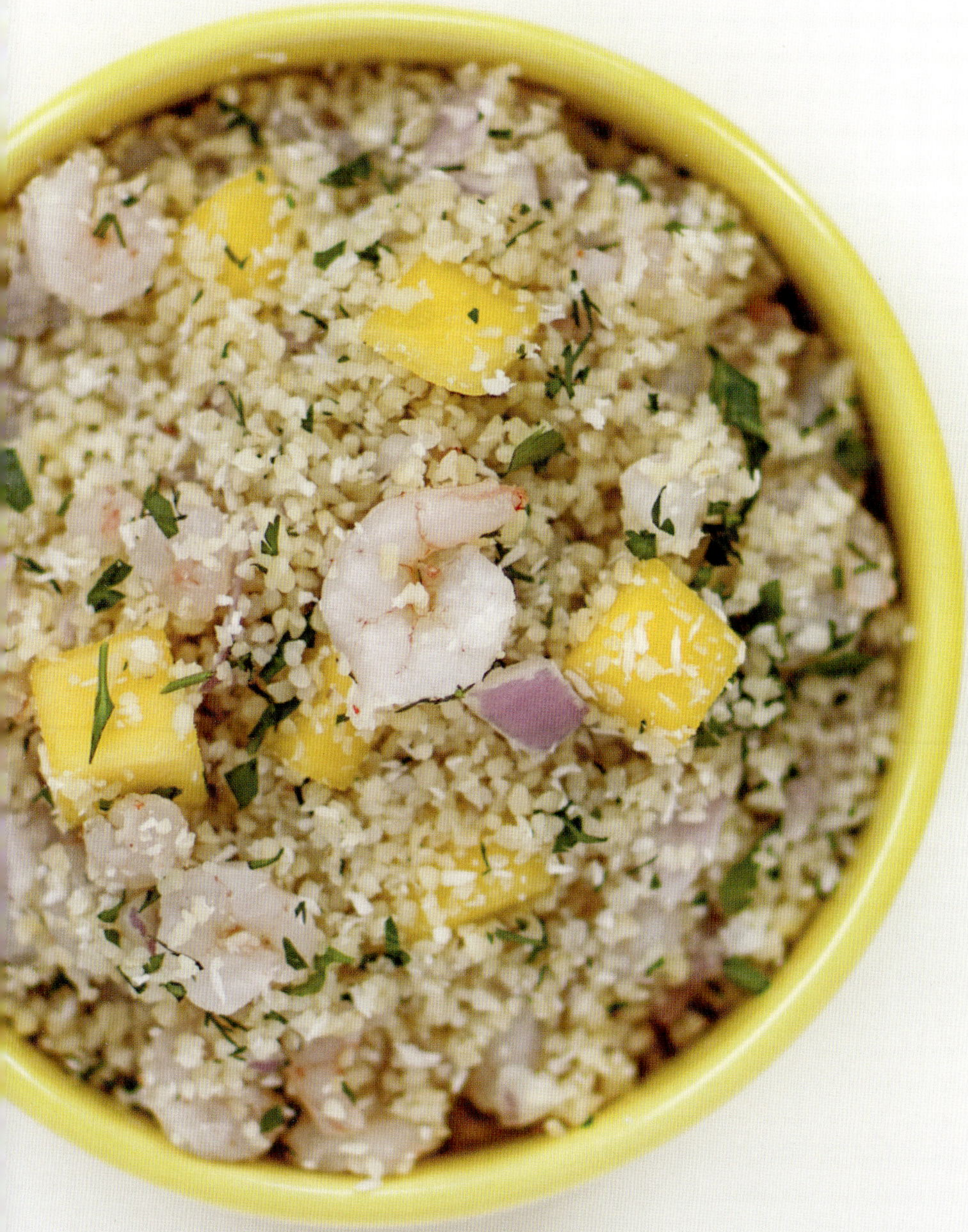

Minha lista

> *E vocês mesmos viram todos os grandes milagres que o SENHOR Deus fez.*
> —DEUTERONÔMIO 11:7

Eu vi minha vida mudar. Vi pessoas mudarem e encontrarem um sentido para suas vidas. Vi a alegria incondicionalmente verdadeira invadir um dia ruim. Vi a ansiedade e o medo numa madrugada asssustadora desaparecer. Eu vi o doente cheio de esperança. Eu vi a cura. Eu vi relacionamentos restaurados. Eu vi a provisão chegar antes da fome. Vi sonhos esquecidos e frustados se realizarem. Vi promessas se cumprirem no tempo perfeito. Eu vi o fraco encontrando forças no único Deus Forte. Eu vi o que estava perdido ser encontrado e sarado. Vi orações contritas sendo respondidas. Eu vi o que parecia impossível, acontecer lindamente.

E qual é a sua lista? Louve-o pela suavidade de Sua força e poder. Louve-o agora mesmo porque lhe é permitido testemunhar e experimentar todas as deliciosas e lindas coisas que o Senhor fez!

Smoothies

Receita 1
- 1 xícara de framboesas congeladas
- ½ xícara de mirtilos ou amoras congeladas
- ½ laranja com casca
- ¾ xícara de iogurte natural
- ½ xícara de leite desnatado, de amêndoa, de soja ou água
- 1 colher de sopa de semente de linhaça ou nozes

Receita 2
- 5 amêndoas
- 1 maçã vermelha picada com casca
- 1 banana pequena cortada em pedaços e congelada
- ¾ de xícara de iogurte natural
- ½ xícara de leite desnatado, de amêndoa, de soja ou água
- ½ colher de sopa de canela

Receita 3
- 2 kiwis descascados
- 1 pêra
- 1 banana pequena cortada em pedaços e congelada
- ½ pepino descascado
- ¾ de xícara de iogurte natural
- ½ xícara de leite desnatado, de amêndoa, de soja ou água

Bata tudo no liquidificador e tome em seguida. Este é o modo de preparo para qualquer uma destas receitas.

Louvo-te por poder ver e participar de Tuas maravilhas de amor.

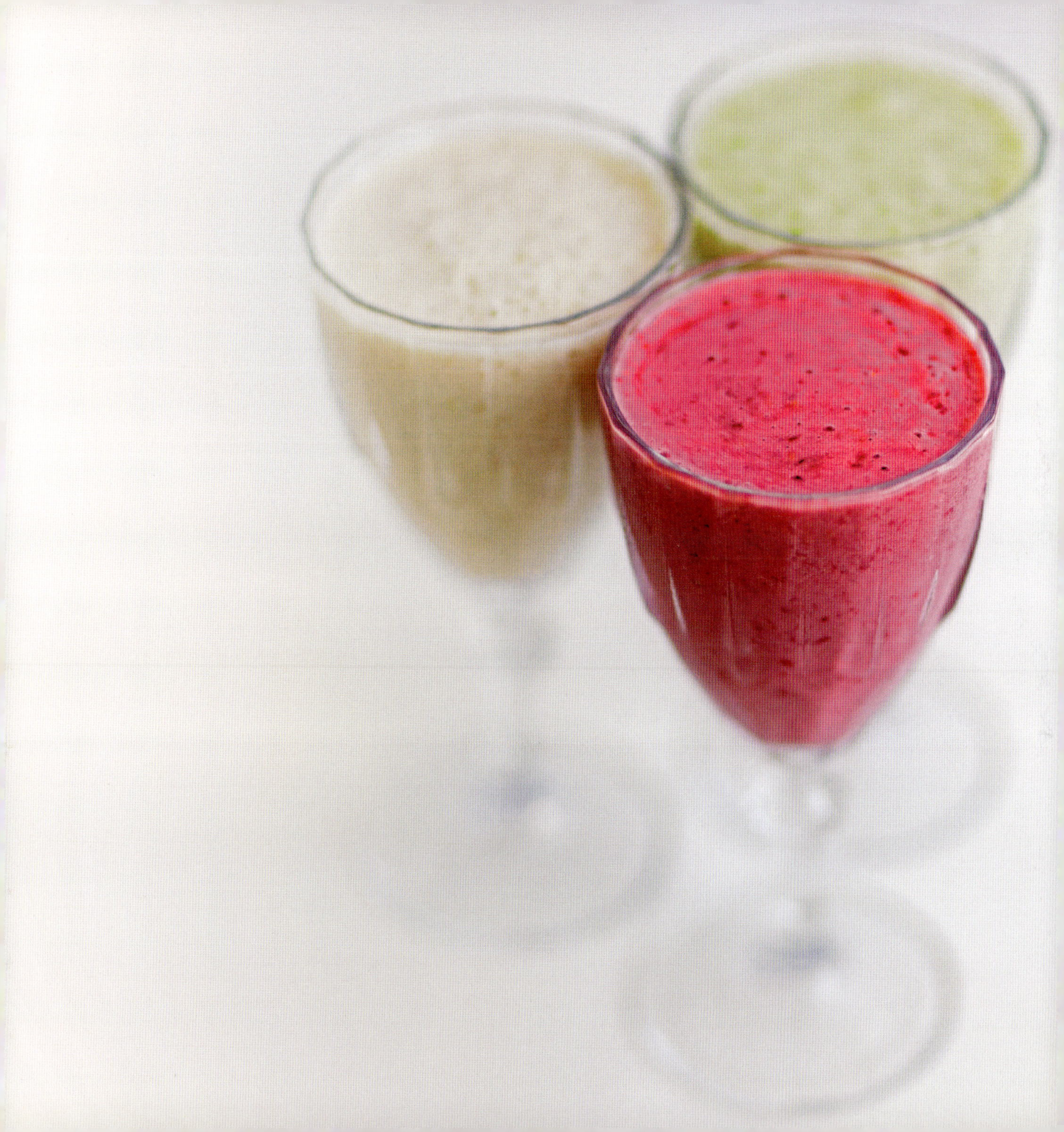

ARROZ COM LEITE DE COCO, LIMÃO SICILIANO E COENTRO

NHOQUE DE ABÓBORA AO MOLHO DE CEBOLA

ESPAGUETE COM PESTO DE BETERRABA

ENROLADINHO DE BIFE

CORDEIRO & MELANCIA BURGER

QUICHE INVERTIDO

CUPCAKE DE SOJA

TORTA ESPIRAL DE LEGUMES

PALMIERS DE SALMÃO NA CAMINHA DE ESPINAFRE

MOSTARDA CASEIRA

O jeito de amar

Prato principal

O leite derramado

Jesus chorou. —JOÃO 11:35

O leite derramou e eu chorei. Chorei mesmo! Eu sei que não adianta chorar o leite derramado. Na verdade, todo mundo sabe que chorar não faz com que as coisas voltem a ser como eram antes. Mas precisamos ser adultos e que não seguram o choro porque ele traz alívio e nos avisa quando chegamos ao limite.

Lágrimas são como verdadeiras palavras. Elas contam o que sentimos. O Mestre chorou de tristeza, saudade e dor quando soube que um de Seus melhores amigos estava morto. Ele também chorou quando avistou toda a cidade espiritualmente morta. Ele chorou, e com toda razão.

Chore e Cristo a consolará. Chore em oração. Chore de arrependimento e receba Seu perdão. Chore de dor e seja consolada pelo Espírito. Chore de tristeza e receba alívio. Chore, pois o dia em que Deus limpará de seus olhos toda a lágrima logo chegará. Chore também de emoção e sinta como é gostoso ter um coração agradecido. Chore de alegria, porque cada momento bom da vida merece uma celebração exagerada! Se Ele chorou, então chore também! Bem-aventurados são aqueles que choram.

Arroz com leite de coco, limão siciliano e coentro

- 1 copo de arroz
- 1 copo de leite de coco
- 1 copo de água fervente
- 1 dente de alho picado
- ¼ cebola picada
- 1 pitada de sal
- 2 limões sicilianos
- ½ maço de coentro

Lave o arroz e coloque em uma panela com os outros ingredientes (menos os limões e o coentro). Leve ao fogo e quando começar a ferver, adicione o sal, coloque a tampa e abaixe o fogo. Deixe cozinhar por 15 minutos ou até que todo o líquido seja absorvido. Aguarde alguns mitutos antes de servir. Acrescente o coentro picado, as raspas e o suco dos limões. Use como acompanhamento de peixes e frutos do mar.

Leve, delicioso e cheio de frescor.

Não há nada melhor do que chorar e buscar conforto em Teu colo, Pai.

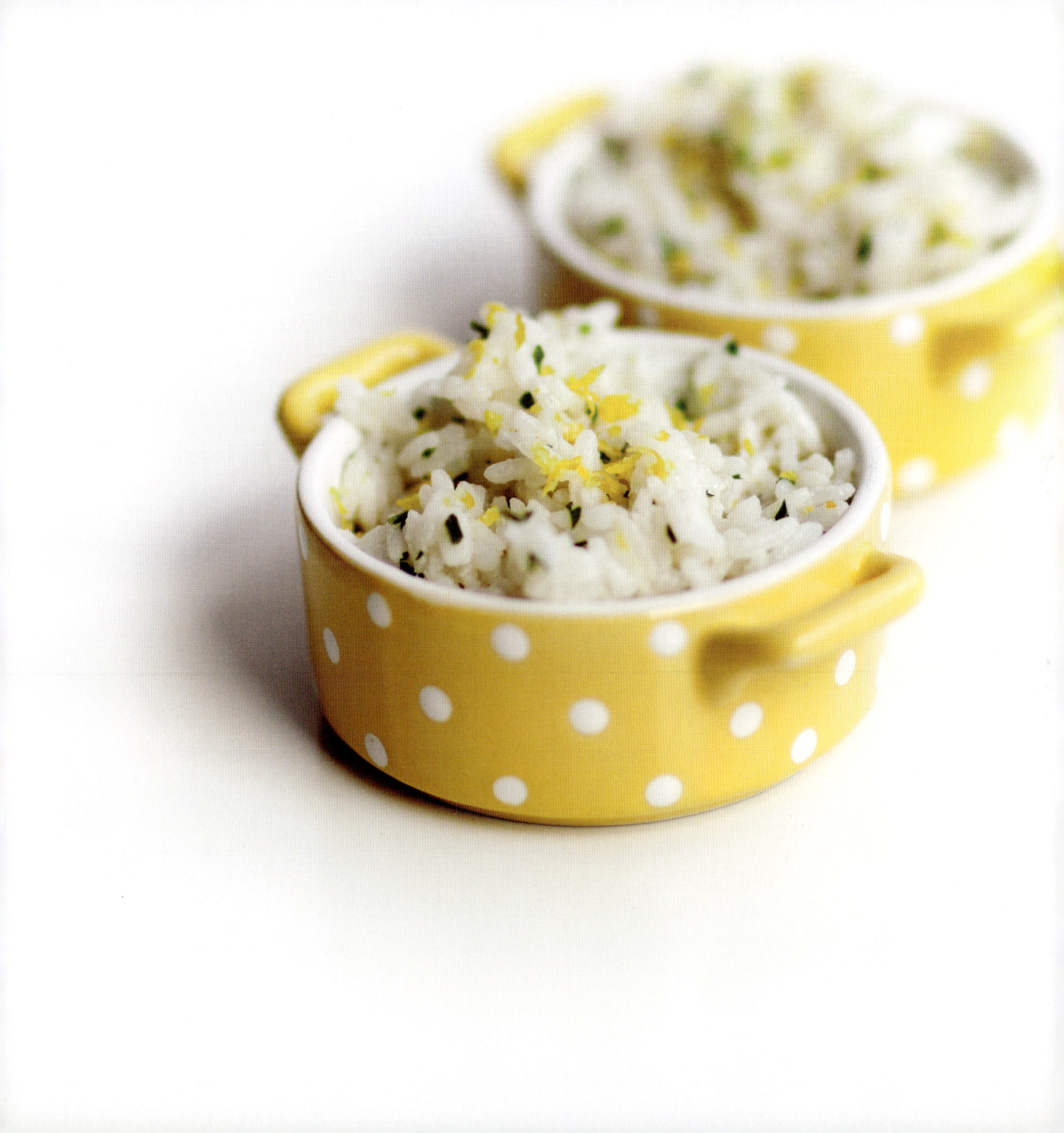

À moda do Rei

> *… Atiravam as suas coroas diante do trono e diziam: "Senhor nosso e nosso Deus! Tu és digno de receber glória, honra e poder…"* —APOCALIPSE 10,11

Toda a Terra está cheia da Sua glória. Todo o Universo à Ele rende louvor. Toda criação celebra Sua grandeza todos os dias. Ele é um Deus muito bom. Então por que tentar controlar os próprios caminhos? Por que a luta constante pelo prestígio e reconhecimento? Por que conquistar o que em segundos pode ser consumido? Por que escravizar-se à agenda abarrotada? Por que ferir enquanto nos defendemos?

Jesus prometeu que um dia vai voltar. Um dia nos o encontraremos face a face no episódio mais lindo da história. E então, lançaremos nossas coroas aos Seus pés. Aquelas coroas que durante toda a vida lutamos para conquistá-las. Prostrados nos renderemos Àquele que merece toda honra, poder e majestade. Dedique sua vida à conquista da mais bela coroa, aquela que agradará o coração do único Rei, quando o dia da volta dele chegar.

Nhoque de abóbora ao molho de cebola

- 500g de abóbora
- 2 xícaras de trigo
- 1 ovo
- sal, noz-moscada e canela a gosto

Cozinhe a abóbora até que fique bem amolecida. Em um recipiente, amasse a abóbora cozida e misture com o restante dos ingredientes até obter uma massa homogênea. Se achar necessário, acrescente mais um pouco de trigo. Em uma superfície enfarinhada, abra a massa em rolinhos compridas e corte-os em pedacinhos de 1 cm. Em uma panela com água fervente, coloque os pedacinhos de nhoque e cozinhe por 2 minutos ou até que comecem a boiar. Escorra e sirva com o molho de cebola ou outro molho de sua preferência.

Molho de cebola

- 1 cebola
- 150ml de vinho branco seco
- 2 colheres (sopa) de vinagre branco
- 100g de manteiga gelada
- sal e pimenta a gosto

Descasque e rale a cebola. Leve a cebola ao fogo junto com o vinho e o vinagre. Deixe ferver até reduzir essa mistura pela metade, diminua o fogo e adicione a manteiga aos poucos, mexendo até que derreta. Tempere com sal e pimenta. Majestoso!

Meu desejo é te agradar hoje e sempre, Senhor.

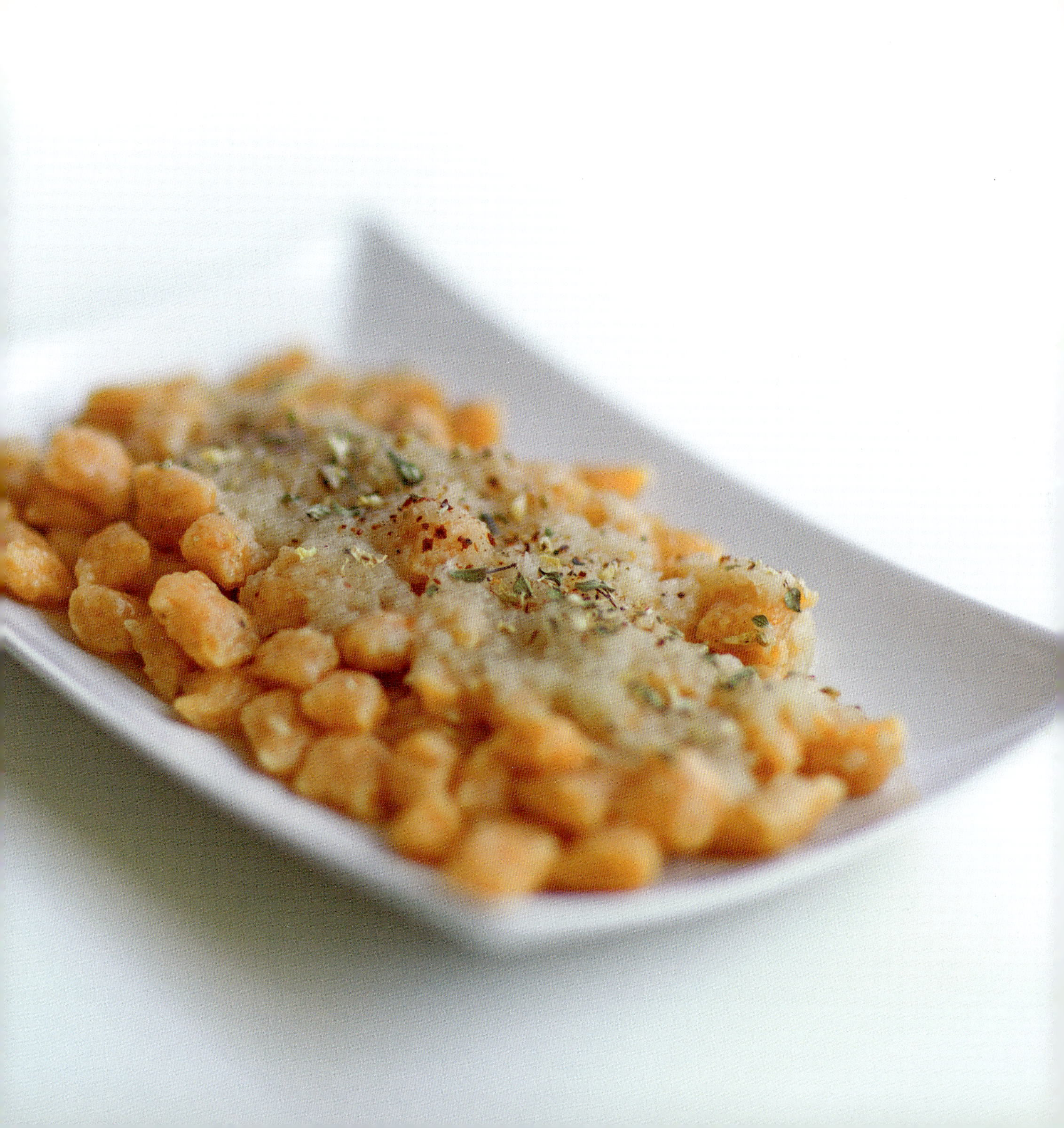

Que amor é esse?

> *Pois o amor de Cristo nos constrange, porque estamos convencidos de que um morreu por todos; logo, todos morreram. E ele morreu por todos para que aqueles que vivem já não vivam mais para si mesmos, mas para aquele que por eles morreu e ressuscitou.* —2 CORÍNTIOS 5:14,15

Que amor é esse que deixa tudo para buscar aquele que se perdeu? Que amor é esse que morre incondicionalmente no lugar de todos, pelos maus e pelos bons? Que amor é esse que vem ao mundo e se emaranha, se mistura, se entrelaça com pecadores e derrama sangue de sacrifício por eles? Que amor é esse que vence a morte, as trevas, o mal, o pecado e a separação entre o Criador e sua criação e assim mesmo "não tem onde repousar a cabeça"?

Que amor é esse que, mesmo majestoso, pôde nascer na sujeira e na frieza da estrebaria do meu coração? Que amor é esse que transforma, cura, renova, perdoa? Que anima, surpreende, doa e satisfaz? Um amor inexplicável. Um amor lindo. Um amor constrangedor. O amor de Deus.

Espaguete com pesto de beterraba

- 200g de espaguete
- 1 beterraba grande
- 2 dentes de alho
- Tomilho fresco
- 5 nozes tostadas e picadas
- 3 colheres (sopa) de parmesão
- 1 colher (sopa) de suco de limão
- manjericão
- cheiro verde
- azeite de oliva e sal a gosto

Pré-aqueça o forno. Em uma folha de papel alumínio, coloque a beterraba descascada e cortada em pedaços, o alho, o tomilho e tempere com sal. Embrulhe e asse por cerca de 30 minutos. Bata a beterraba no liquidificador, até ficar cremosa, juntamente com as nozes, o suco de limão, o manjericão, o parmesão e um pouco de azeite. Cozinhe a massa e misture com o pesto de beterraba. Sirva com um pouco de parmesão ralado e cheiro verde bem picadinho. Muito saboroso e especial.

Agradeço-te porque um dia Teu amor me alcançou.

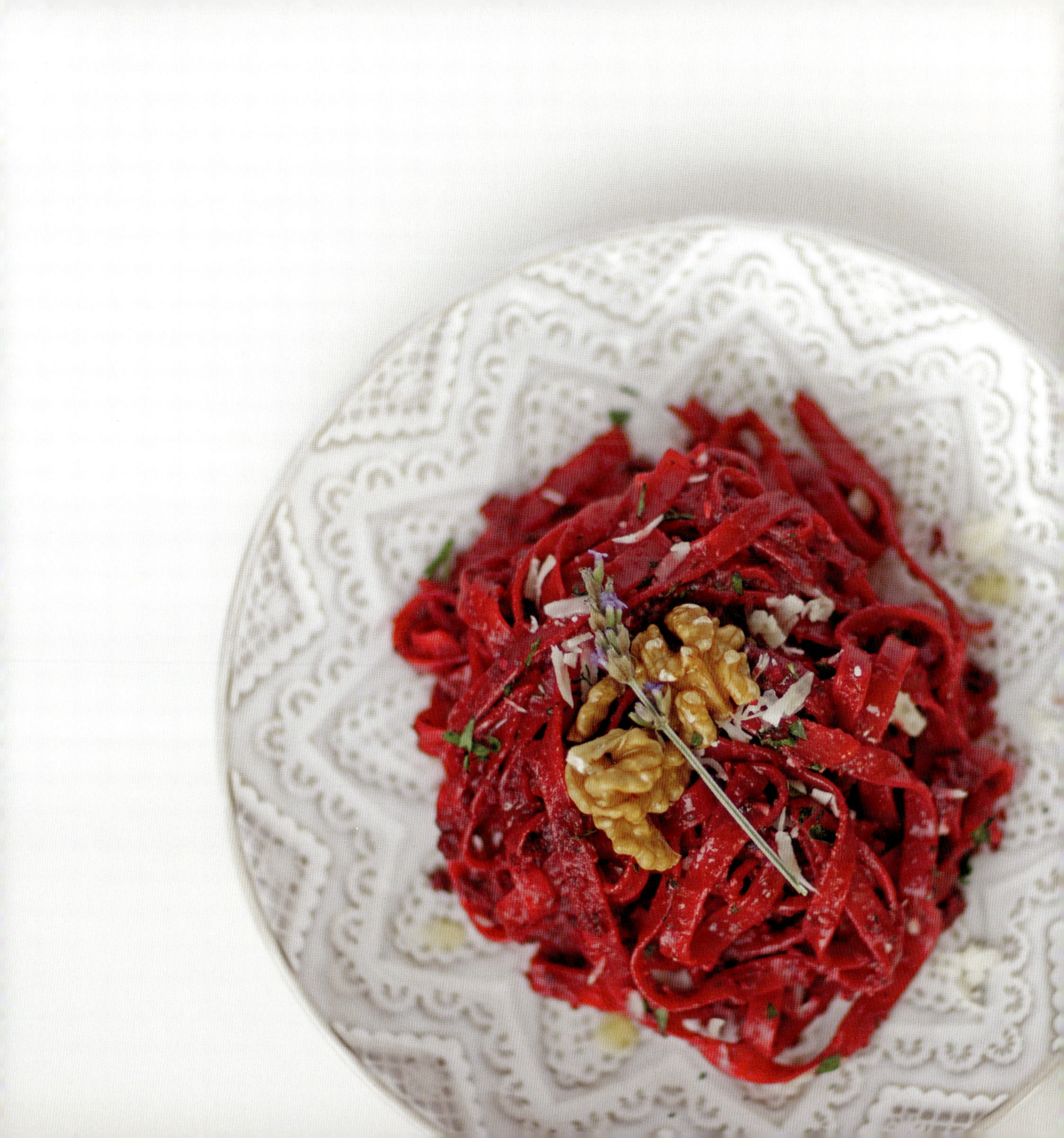

Milagre

*... deixem que o Espírito de Deus dirija a vida de vocês
e não obedeçam aos desejos da natureza humana.* —GÁLATAS 5:16

Um dia eu esperei por um milagre. Eu o desejava. Mas ele não veio e chorei e gritei como uma criança birrenta. Seria tão bom que tudo estivesse perfeito. Mas o meu "perfeito" não é o Seu "perfeito". Meus mais altos planos jamais alcançariam os Seus. Meu melhor nunca será tão bom quanto o Seu melhor.

"Melhor que o milagre é ter o Senhor por perto. Melhor que o milagre é sentir Teu cuidado. Melhor que o milagre é aninhar-se em Teu abraço e ver o brilho da Tua luz quando tudo está escuro. É conhecer-te de uma maneira que eu não teria conhecido em outras circunstâncias. É soltar tudo, todas as cordas, e depender somente do Senhor. Hoje olho para trás e, claro, o Senhor estava completamente certo. E eu não trocaria isso por qualquer milagre.

Sim, o Senhor pode todas as coisas, eu sei. Mas o maior milagre é pertencer a ti, Deus de todos os milagres. Aconteça o que acontecer, nada poderá me separar do Teu amor. Tenho tantas vontades, desejos e intenções. Então, milagre mesmo é sair do meu próprio trono e deixar-te reinar em minha vida.

Louvo-te pelo milagre da cura da minha alma e da vida eterna que já vivo. Louvo-te pelo milagre de ser alcançada pelo Teu amor. Louvo-te pelo milagre de ser Tua amiga e por todas as conversas que em oração já tivemos. Agradeço-te por todos os milagres que recebi e por aqueles que também não vieram. Louvo-te pelo milagre que tu fizeste na história da minha vida, mesmo que eu não entedesse alguns episódios dela. Louvo-te porque o milagre sou eu."

Enroladinho de alcatra

- 6 fatias bem finas de alcatra
- cenoura, pimentão e abobrinha cortados em tiras
- vagens cozidas
- cebolinhas
- 3 colheres (sopa) de molho de soja
- 1 colher (sopa) de manteiga
- sal e pimenta

Tempere os bifes de alcatra com sal, pimenta e molho de soja e deixe marinando por 1 hora. Junte as tiras de cenoura, pimentão e abobrinha com a vagem e as cebolinhas, enrole-as com o bife e prenda o enroladinho com um palito. Em uma panela bem quente, doure os enroladinhos na manteiga até que fiquem macios. Na própria panela usada para fazer os enroladinhos, prepare também um molho feito com ¼ de xícara de aceto balsâmico, 2 colheres (sopa) de açúcar mascavo e ¼ de xícara de creme de leite ou nata. Sirva logo em seguida. Suculento e saboroso.

Obrigada Jesus pelo milagre de ter a vida abundante.

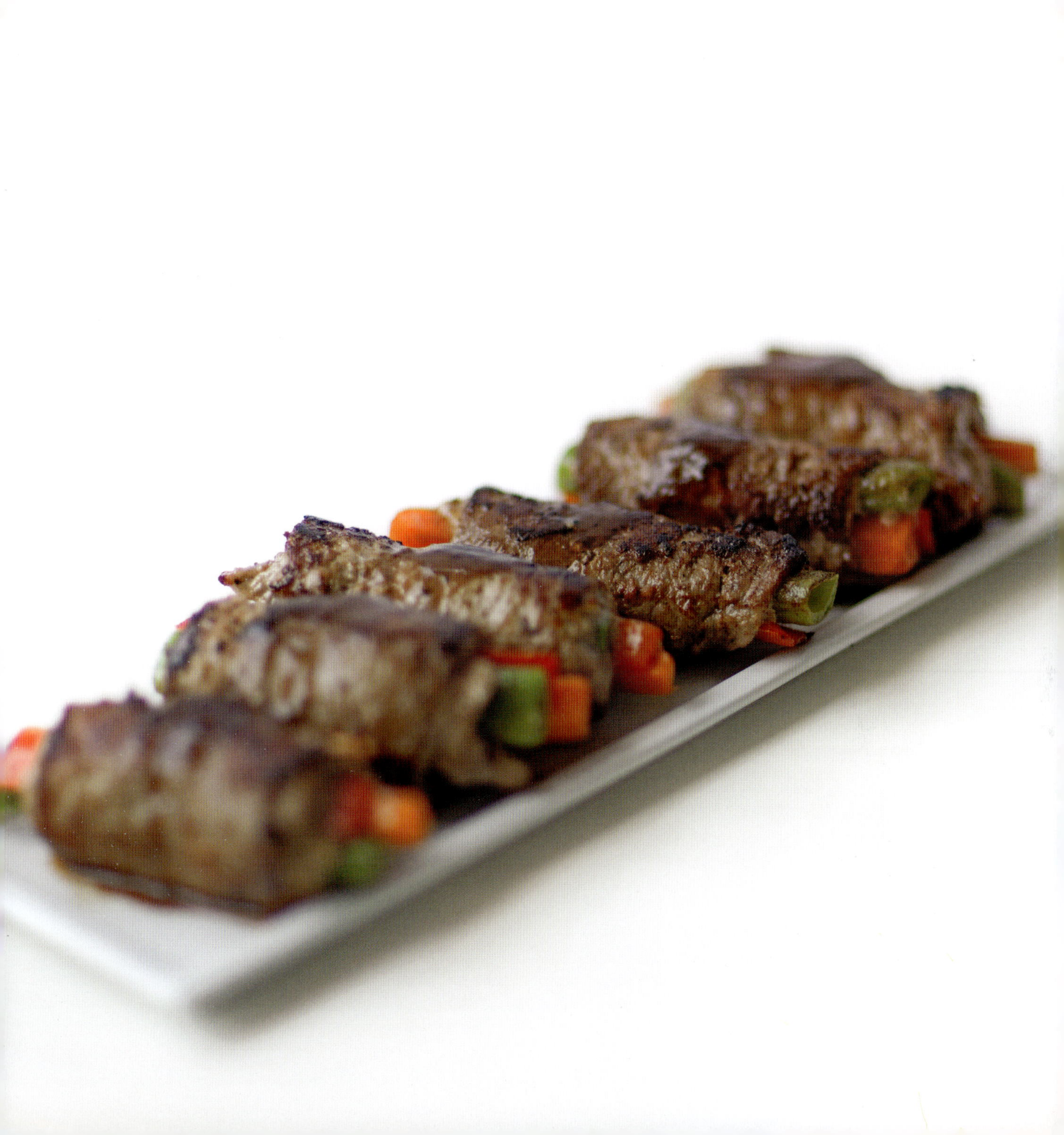

A festa já começou

> *Depois disso olhei e vi uma multidão [...] Eram de todas as nações, tribos, raças e línguas. Estavam de pé diante do trono e do Cordeiro, vestidos de roupas brancas [...] E gritavam bem alto: — Do nosso Deus, que está sentado no trono, e do Cordeiro vem a nossa salvação.* —APOCALIPSE 7:9,10

Venha e vamos juntos desenhar esta cena. Era um lindíssimo clamor de uma multidão encantada com tanta beleza e maravilha! Gritos de louvor se misturavam a choros de alegria e olhares perplexos fixos no trono de Deus. Quase não dava para acreditar: finalmente a festa da eternidade havia começado! Havia adoradores de todos os cantos do mundo, de cores e penteados diferentes. Diferentes línguas e povos, mas todos com seus nomes escritos no mesmo livro. Todos se uniam em uma só canção de louvor, profundamente agradecidos pela salvação que receberam. Uma multidão amada e remida, convicta de ter feito a melhor escolha quando escolheu trilhar o caminho que começou lá na porta estreita.

Agora, considerando que esta foi uma visão, uma cena exata e futura de uma realidade próxima, você consegue se ver como parte daquela multidão? Ninguém podia contar quantos eram, mas quando João teve esta visão, teria ele visto você? Somos convidadas todos os dias para participar desta festa. Com base na promessa da salvação eterna, aceite o convite de Cristo, o Cordeiro de Deus que tirou o pecado do mundo inteiro, e comece a se preparar comigo para o grande dia. "Vem, Senhor Jesus!"

Cordeiro & melancia burger

Hambúrguer
- 300g de carne de cordeiro moída
- 1 ovo batido
- 1 fatia de pão em migalhas
- 1 pimentão vermelho picado
- raspas e suco de 1 limão
- 1 maço de hortelã fresco picado
- 1 colher (chá) de cominho em pó
- 1 colher (chá) de canela em pó
- sal, pimenta e orégano a gosto

Acompanhamentos

- 1 fatia de melancia
- alface, rúcula, cebola roxa, tomates secos...

Misture os ingredientes do hambúrger e divida a mistura em 4 partes e forme hambúrgueres na palma da mão. Coloque-os por pelo menos 2 horas em uma assadeira untada na geladeira para realçar os sabores. Asse os hambúrgueres em forno médio pré-aquecido por 15 minutos. Vire-os e deixe no forno por mais 5 minutos ou até dourar. Para montar o sanduíche, escolha o pão de sua preferência. Coloque a alface, a rúcula, os tomates secos, os anéis de cebola roxa, uma fatia fina de melancia, o hambúrger e, se quiser, um pouco de molho pode fazer este: 1 pepino ralado e escorrido, 1 potinho de iogurte natural, 1 dente de alho e hortelã bem picados, sal e pimenta a gosto. Muito gostoso!

Rei meu: espero ansiosamente a Tua volta!

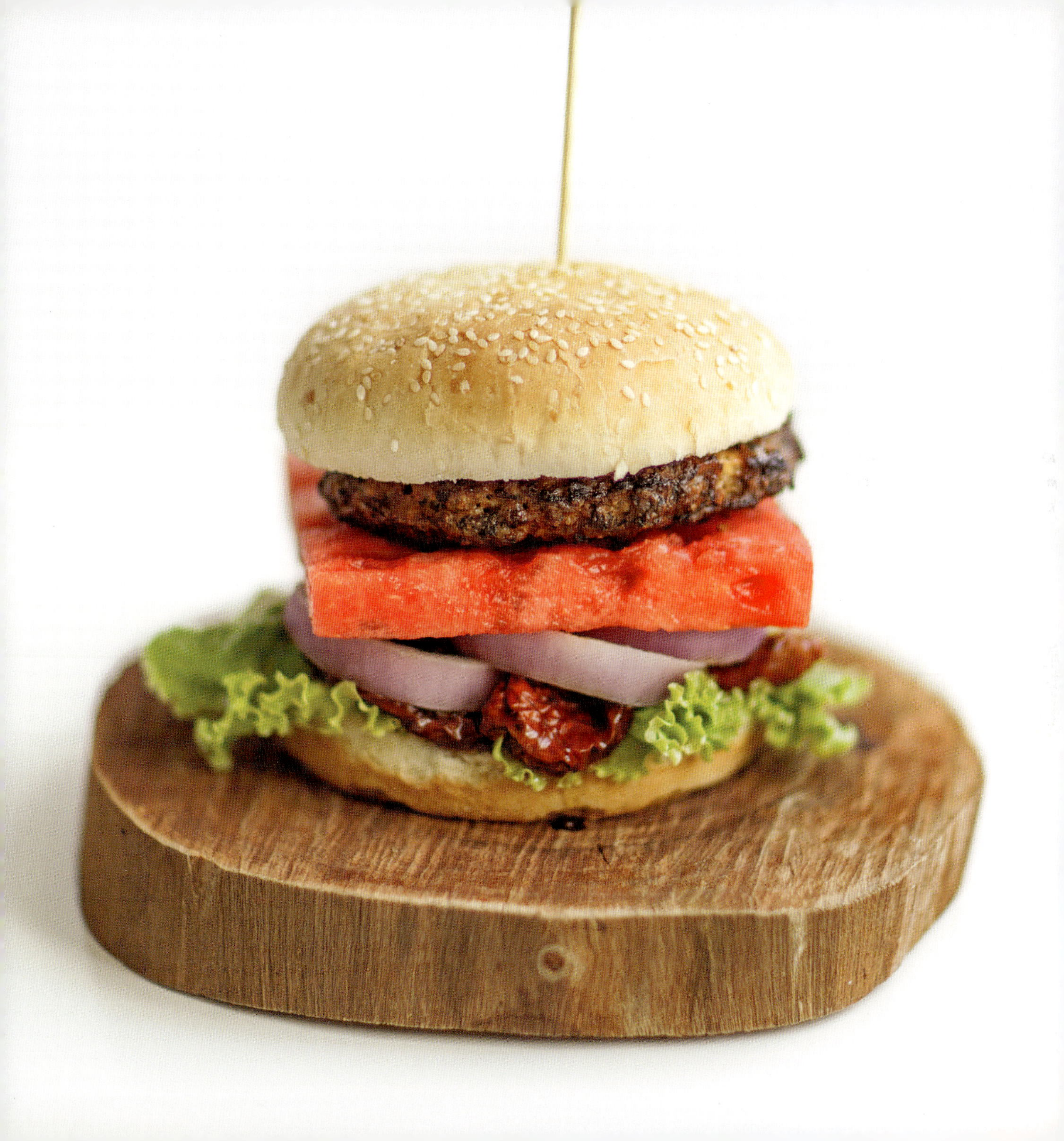

Tudo em seu lugar

… O próprio Cristo sofreu por vocês e deixou o exemplo, para que sigam os seus passos. —1 PEDRO 2:21

Quando clamarmos por cura, clamaremos com humildade, mas no poderoso nome de Jesus. Quando entendermos que Ele é tudo que precisamos, ficaremos seguras e descansadas, mas não pararemos de buscá-lo porque Ele é inesgotável, perfeito, fonte, sustento e fim de todas as coisas. Quando estivermos fracas, seremos fortes em Seu colo. Quando nos sentirmos sozinhas, Ele sempre será nosso pastor e nada nos faltará. Quando reconhecermos o quanto somos incapazes, conheceremos a grandeza do nosso Deus.

Sabemos bem quem somos e sabemos bem quem Ele é. Por mais que tenhamos limitações, nada é impossível para o nosso Deus. Por isso, sejamos servas humildes. Sejamos as últimas, as mansas e aquelas que oferecem a outra face. Sejamos como Jesus.

Quiche invertido

Recheio

- 200g de peito de frango cozido e desfiado
- 200g de creme de leite
- 2 ovos grandes
- ½ cebola picada
- sal e pimenta a gosto
- azeite de oliva
- potinhos de vidro

Massa

- 1 xícara de trigo
- ½ xícara de manteiga gelada
- 1 ovo
- sal a gosto

Pré-aqueça o forno. Para fazer a massa, misture bem os ingredientes e abra a massa sobre uma superfície enfarinhada. Corte alguns círculos na massa para fazer uma "tampa" para os vidrinhos. Refogue a cebola no azeite e reserve. Bata os ovos com o creme de leite, acrescente o sal, a pimenta, a cebola refogada e o frango. Preencha 2/3 dos potinhos com a mistura e pincele as bordas com um pouquinho de ovo. Cubra os potinhos com a massa e pressione. Coloque os potinhos em uma forma e leve ao forno por cerca de 15 minutos. Retire do forno, deixe esfriar um pouco antes de servir e decore!

Tu és o único e soberano Deus!

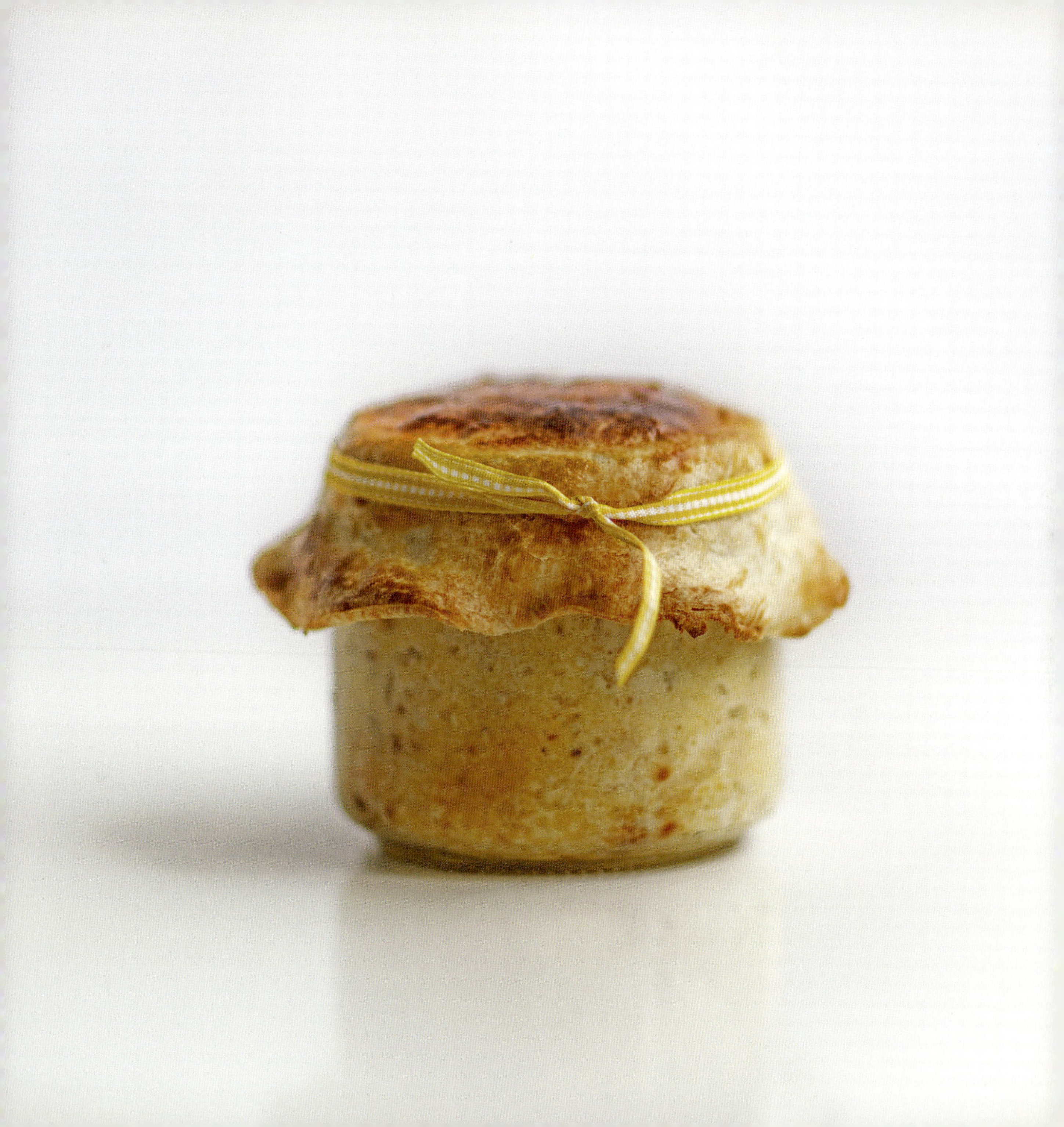

O ingrediente secreto

Que tudo o que vocês fizerem seja feito com amor. —1 CORÍNTIOS 16:14

Deus é amor. E o amor é o segredo, o principal ingrediente que satisfaz nossa vida. As evidências do amor verdadeiro ficam claras em nós quando conhecemos Jesus, a maior expressão do amor do Pai.

Quando agimos com carinho, nos tornamos Suas mãos, e os que nos cercam experimentam o cuidado de Deus. A doçura de nossas palavras pode curar feridas profundas e amolecer corações enrijecidos. Quando nosso olhar de compaixão encontra olhares de culpa e vergonha, o amor vence mais uma guerra contra a dor.

O amor entra pela porta da frente quando tocamos a campainha e presenteamos nossas vizinhas com cupcakes ou um pão caseiro quentinho. Celebramos o amor ao redor da mesa enquanto estabelecemos amizades mais profundas. Aceitamos o desafio de preparar uma nova receita e aproveitamos ao máximo os almoços de domingo com nossa família porque os amamos. Com muito amor, pilotamos incansáveis e barulhentos aviõezinhos de papinha para os sobrinhos. Por amor, repartimos com gratidão e alegria o que temos com os que não têm. Com amor, a vida fica muito mais gostosa de viver.

Cupcake de soja

- 2 xícaras de proteína de soja texturizada
- sal, pimenta, cheiro verde, hortelã, cebola picadinha e alho a gosto

Coloque a proteína de soja em um recipiente e cubra com água fervente e deixe por cerca de 5 minutos até que fique hidratada. Escorra bem e adicione os outros ingredientes. Disponha a proteína de soja em forminhas, leve ao forno pré-aquecido e asse os cupcakes por cerca de 25–30 min.

Cobertura de purê

- 2 batatas grandes
- 1 cenoura pequena
- 2 colheres (sopa) de manteiga
- 2 colheres (sopa) de leite
- sal e pimenta a gosto

Cozinhe as batatas e a cenoura até ficarem bem molinhas. Descasque, esprema em um recipiente, acrescente a manteiga, o leite, o sal e a pimenta e misture bem. Coloque o purê em um saco para confeitar e decore os cupcakes. Se quiser, leve-os ao forno a 180 graus para gratinar. Saudável e criativo!

Quero ser Tua luz e a demonstração de Teu amor por onde quer que eu for.

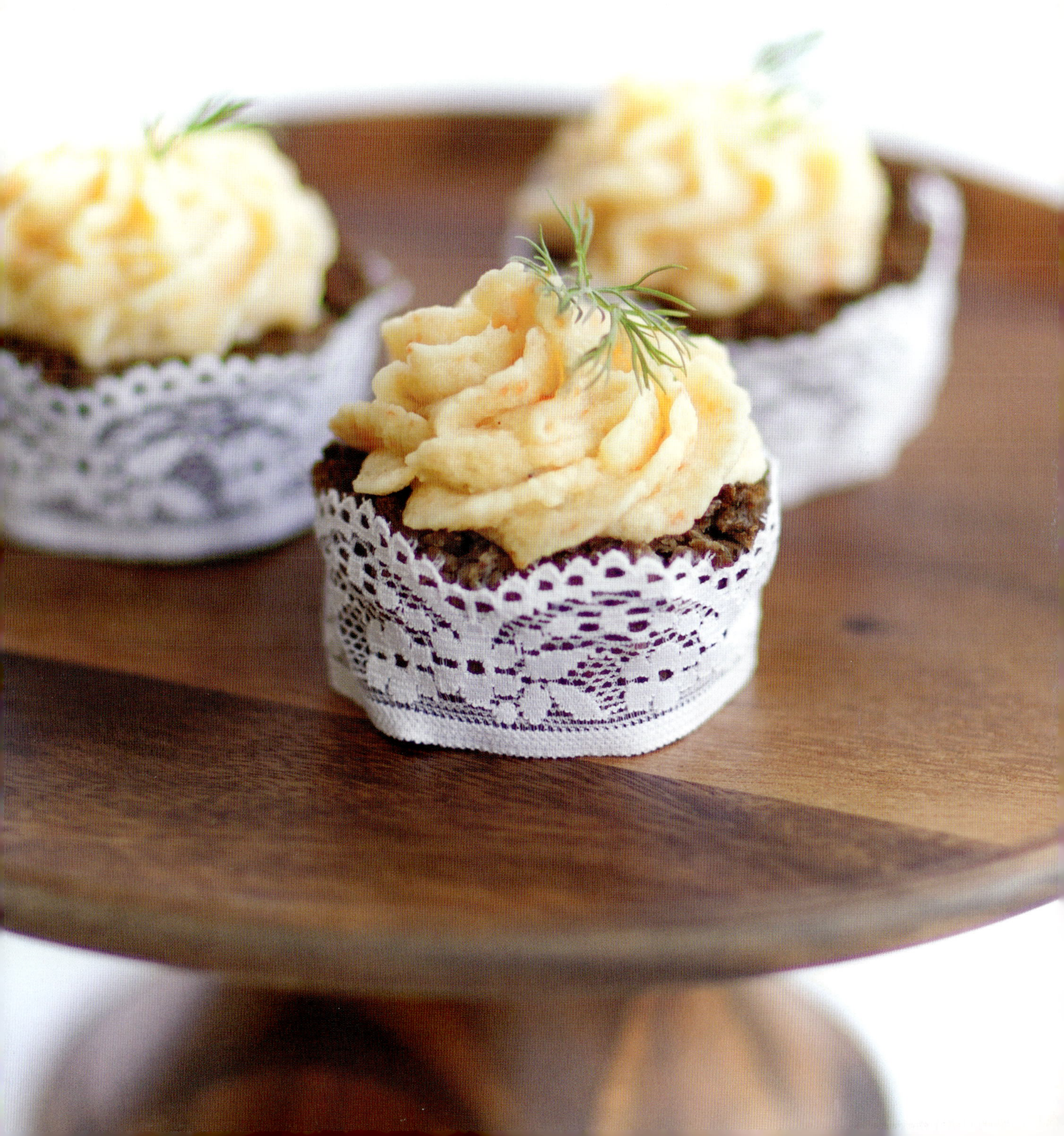

Emaranhado de dor

... sejam bons e atenciosos uns para com os outros. E perdoem uns aos outros, assim como Deus, por meio de Cristo, perdoou vocês.
—EFÉSIOS 4:32

Difícil. Jesus não estava brincando quando ensinou e ordenou que devemos perdoar as pessoas. Ele afirma que é possível perdoar e até perdoar várias vezes, afinal Ele se entregou em sacrifício para que fôssemos perdoados e purificados todos os dias.

Perdoar é absorver a dor e estancá-la. É isentar o pagamento de uma dívida e assumir todo o prejuízo. É continuar vivendo sem exigir os direitos de restituição. É viver melhor, reconstruindo pontes de confiança. É como libertar aquele que estava preso num emaranhado de dor, mágoa e ressentimento dentro de você, porque todos necessitam de misericórdia. Perdoar é nobre e desarma o ofensor. Perdoar é bom e pode ser um desafio muito especial. Hoje, Ele nos encoraja mais uma vez: "Perdoe".

Torta espiral de legumes

- 1 pacote de massa folhada
- 1 abobrinha
- 1 beringela
- 1 cenoura
- 1 ovo
- 3 colheres de sopa de creme de leite
- sal e pimenta

Pré-aqueça o forno. Abra a massa sobre uma forma redonda e pincele um pouco de óleo. Asse a massa por 10 minutos em forno baixo. Retire do forno e reserve. Corte os legumes em lâminas bem finas e tempere-as com sal e pimenta. Disponha as lâminas criando uma espiral, começando de fora para dentro da forma. Em uma tigela, bata o ovo, o creme de leite e uma pitada de sal. Despeje sobre a massa e volte a torta ao forno e asse por 30 minutos. Fácil e lindo!

Ah, tremendo Deus! Quantas vezes tu já aliviaste e saraste minha dor! Obrigada por isso!

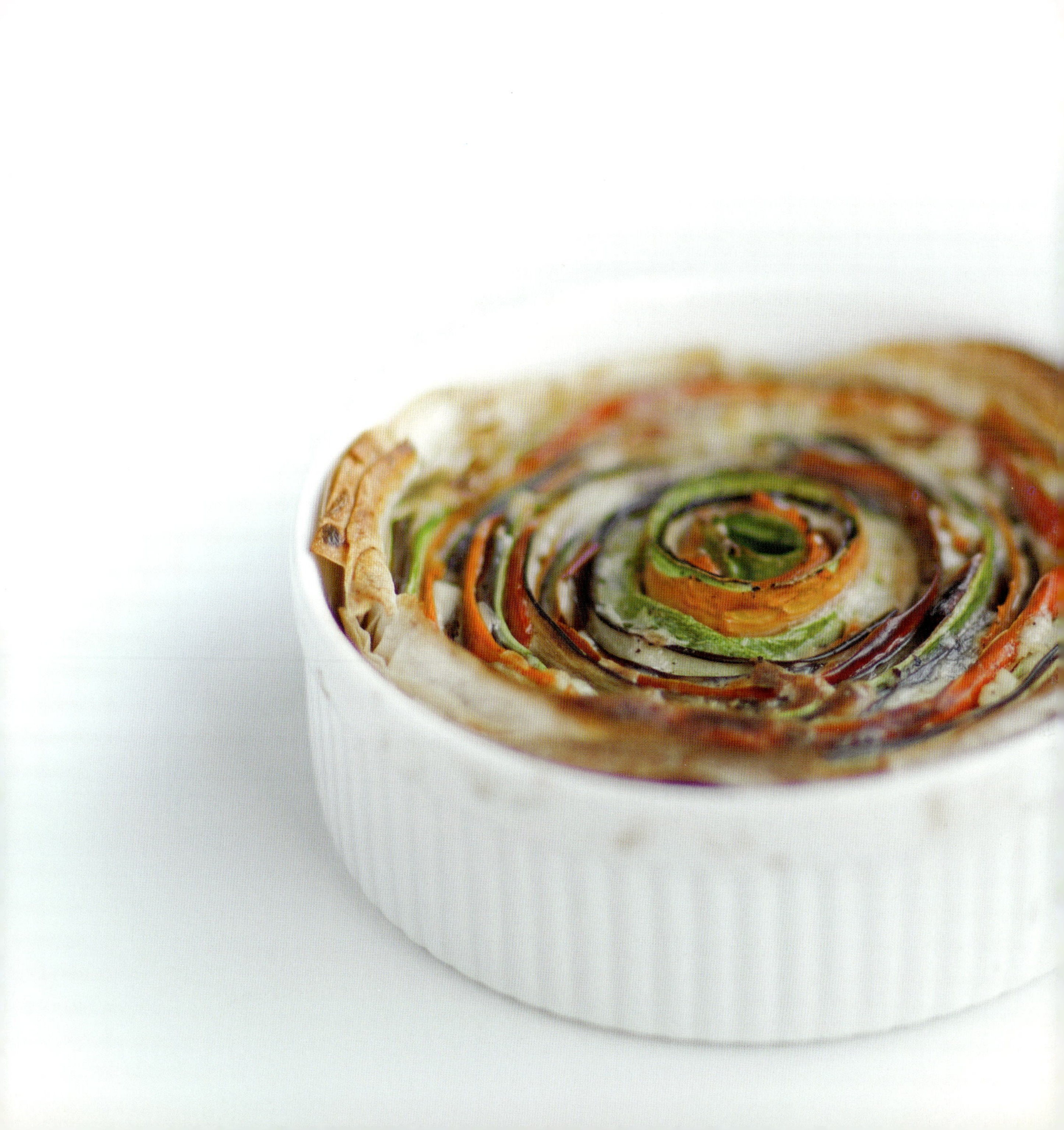

Canção de ninar

As tuas bênçãos são como alimentos gostosos; elas me satisfazem, e por isso canto alegremente canções de louvor a ti. Quando estou deitado, eu lembro de ti. Penso em ti a noite toda porque sempre me tens ajudado. Na sombra das tuas asas eu canto de alegria.

—SALMO 63:5-7

Nas minhas mais antigas lembranças, das panelinhas cor de rosa saiam pratos perfeitos! Bolos de terra firmes e macios; uma variedade de chás imaginários misturados com minúsculas colherzinhas, também imaginárias, eram minha especialidade. Minhas amiguinhas pediam mais. Minhas bonecas até ficavam sem palavras! Depois era só jogar tudo dentro do cesto de brinquedos e a cozinha estava limpa e arrumada.

Com o tempo, fui me esquecendo de como é bom brincar de casinha. Queimar um bolo e ter que jogá-lo inteiro no lixo é vida real. Mas Ele nunca mudou. À noite, quando estava exausta de tanto correr e brincar, eu me aconchegava nos braços do Deus de meus pais enquanto Ele me assistia dormir.

Hoje, ainda exausta, escuto Sua canção de ninar em meu coração, levando embora minhas ansiedades e preocupações. Hoje Ele é minha força, meu colo, minha sombra. Que alegria! Hoje, Ele é meu Deus e eu continuo sendo Sua pequena menina.

Palmiers de salmão na caminha de espinafre

- 1 lâmina de massa folhada pronta
- 1 potinho de queijo cremoso
- 300g de espinafre fresco
- 4 fatias de salmão defumado
- 1 ovo batido

Pré-aqueça o forno a 180 graus. Cozinhe o espinafre em água fervente por cerca de 5 minutos, escorra e reserve. Abra a folha da massa folhada sobre uma superfície enfarinhada e coloque sobre ela o queijo cremoso, as folhas de espinafre e por cima, o salmão defumado. Enrole as extremidades da massa formando dois cilindros até que elas se encontrem no centro. Pressione um rolo contra o outro e corte em fatias com cerca de um centímetro de largura.

Unte uma fôrma com óleo e disponha as fatias com espaços entre si. Pincele a massa com ovo batido e asse por 20 minutos. Decore com ervas ou gergelim. Perfeito para acompanhar um chazinho com as amigas!

Que privilégio! Que presente! Sou Tua filha! Obrigada, Pai!

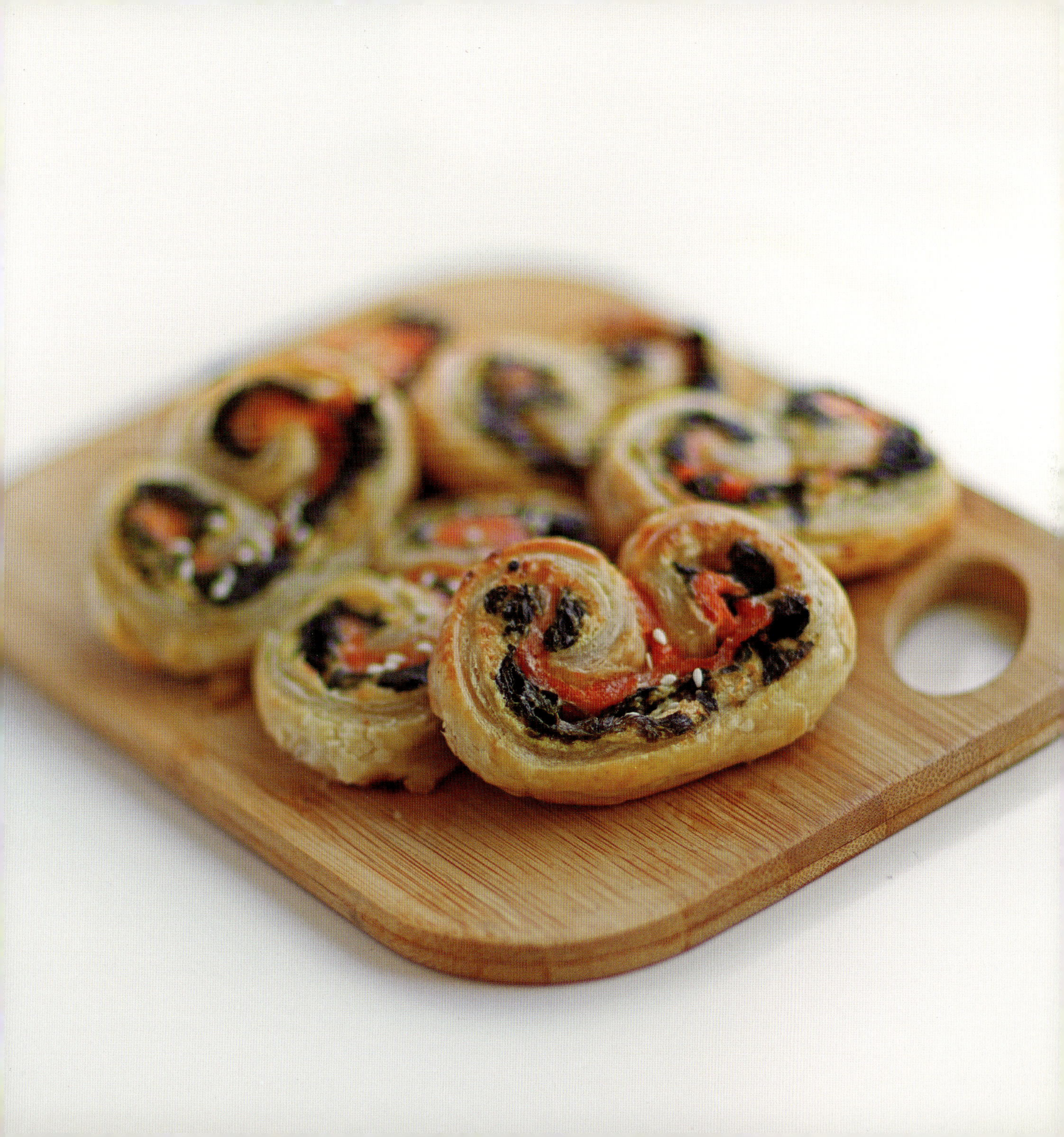

Aquela do grão de mostarda

> *… Por que é que vocês são assim tão medrosos? Vocês ainda não têm fé?*
> —MARCOS 4:40

Não! Não! Não! Fé não significa pensamentos positivos. Não significa que tudo vai dar certo no final. Também não significa a mentalização e, por consequência, a realização de tudo aquilo que eu quero que aconteça. Fé é quando a certeza nunca foi hipótese de que o Senhor está no controle da minha história. Fé é a convicção que bate no peito e grita sem desesperança: "Eu sei! Apesar de tudo, Ele está comigo e sabe o que faz".

Fé é certeza inabalável, convicção plena, confiança incondicional e esperança imaculada em Deus e em seu caráter. Fé é crer que Ele cumprirá Suas promessas e, talvez, eu nem as veja sendo cumpridas… Mas elas irão se cumprir! Fé é dom de Deus. Mas isso nunca foi natural para nós. Somos falhas. Duvidamos. Murmuramos. Lá no fundo da alma, nos desesperamos. Carecemos que o Autor da Fé nos ajude a conservá-la e a aperfeiçoe totalmente (HEBREUS 12:1,2).

Certa vez, Jesus explicou aos Seus discípulos que se tivéssemos ao menos um pouco de fé, tudo seria diferente. Então clame ao Senhor por fé. Fé do tamanho de um grãozinho apenas a levará em segurança para preciosos lugares que Ele preparou para você.

Mostarda caseira

- ½ xícara de vinagre branco
- ¼ xícara de sementes de mostarda amarela
- ¼ xícara de sementes de mostarda escura
- ¼ xícara de vinho branco seco
- 1 pitada de sal
- 1 colher (sopa) de mel

Misture o vinagre, as sementes de mostarda e o vinho. Cubra e deixe de molho à temperatura ambiente por 24 horas. Adicione o sal e o mel às sementes encharcadas e triture no liquidificador por alguns segundos essa mistura. A mostarda está pronta!

Minha fé está em ti, independentemente dos resultados que quero para mim.

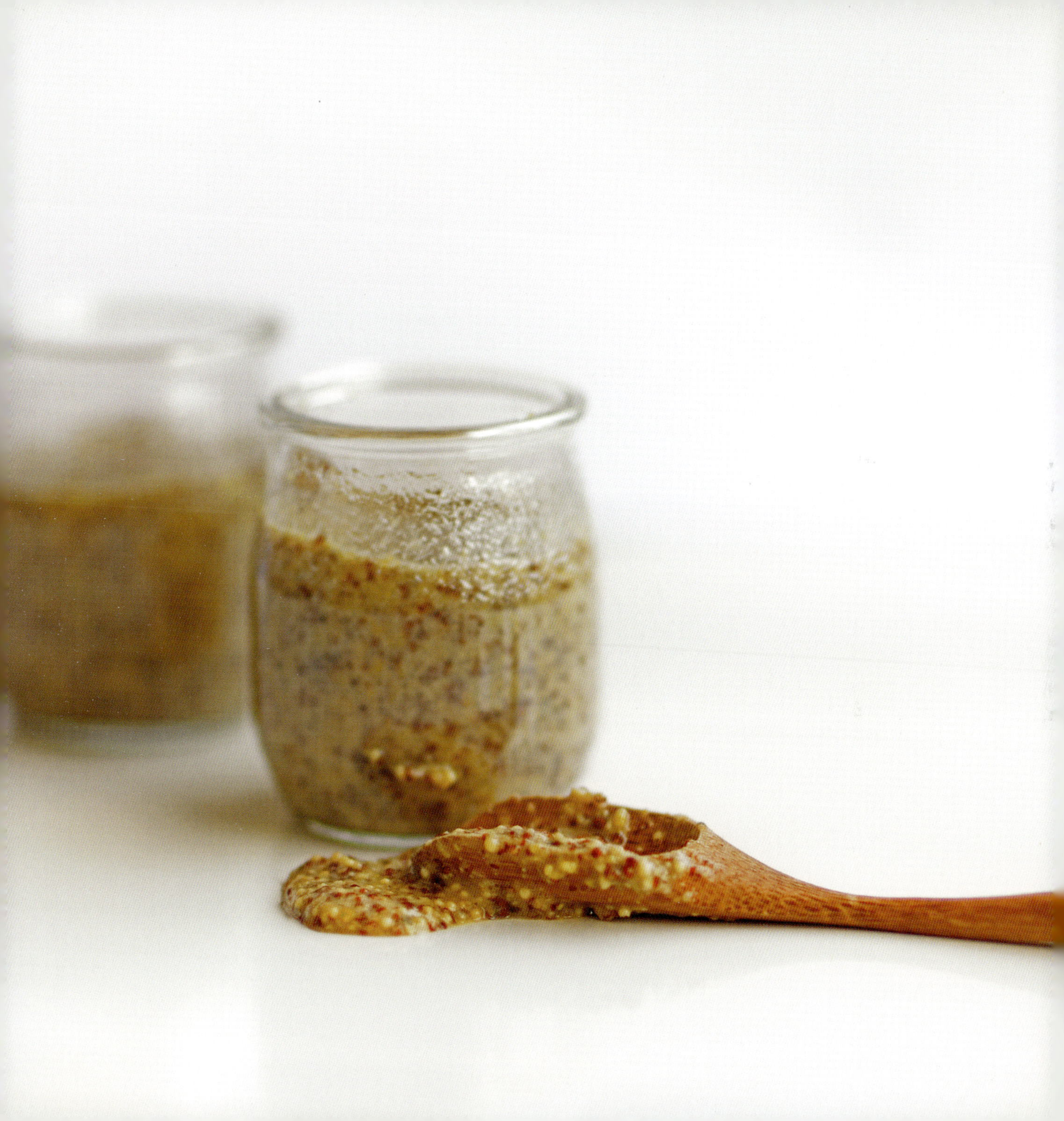

BARRAS RECHEADAS DE AMENDOIM

TORTA DE RICOTA

PANQUECAS DE BANANA

TORRÕES DE AÇÚCAR

O doce fim

Sobremesa

O recheio

Ele me levou ao salão de banquetes, e o seu estandarte sobre mim é o amor.
—CÂNTICO DOS CÂNTICOS 2:4

Quando nos sentamos à mesa de Deus, somos servidas de amor. E o amor vem recheado de tanta graça, misericórdia, poder e vida que não há nenhuma possibilidade de sairmos de Seu banquete com o coração insatisfeito. No recheio de Seu amor, encontramos um lugar seguro nos dias de angústia e a paz que excede todo o entendimento. É também no recheio do Seu amor que encontramos forças e razão para viver até o final dos nossos dias.

Os perfumes, aromas e sabores que experimentamos quando provamos desse amor, não se comparam a nada. Estar com Ele é melhor do que tudo. Ele nos oferece com alegria, hoje e sempre, tudo que é recheado e coberto de amor. Só porque Ele é o próprio amor e não há nada mais delicioso do que usufruir de Sua presença.

Barras recheadas de amendoim

- 2 xícaras de biscoitos de maisena triturados
- 4 colheres (sopa) de margarina derretida
- 1 colheres de sopa de açúcar mascavo
- 1 xícara de raspas de chocolate
- 1 pote de queijo cremoso
- 2 colheres (sopa) de açúcar
- 1 ovo
- ¼ de xícara de pasta de amendoim
- 1 colher (chá) de essência de baunilha
- 1 pitada de sal

Pré-aqueça o forno a 180 graus. Misture o biscoito, a manteiga e o açúcar mascavo em uma assadeira e pressione a mistura no fundo da fôrma até que fique bem firme. Asse por 10 minutos. Retire do forno e deixe esfriar. Espalhe sobre a massa as raspas de chocolate. Em uma tigela, bata o queijo cremoso de queijo e o açúcar até misturar bem. Junte o ovo e misture. Adicione também a manteiga de amendoim, a baunilha e o sal e bata até formar um creme. Despeje na forma e asse por mais 30 minutos. Retire do forno, espere esfriar, cubra e refrigere por pelo menos 3 horas antes de servir. No micro-ondas, derreta ½ xícara de gotas de chocolate e misture com ¼ xícara de creme de leite. Corte a torta em barras e decore com a ganache de chocolate. Uau!

Tua presença me sacia a fome de amor.

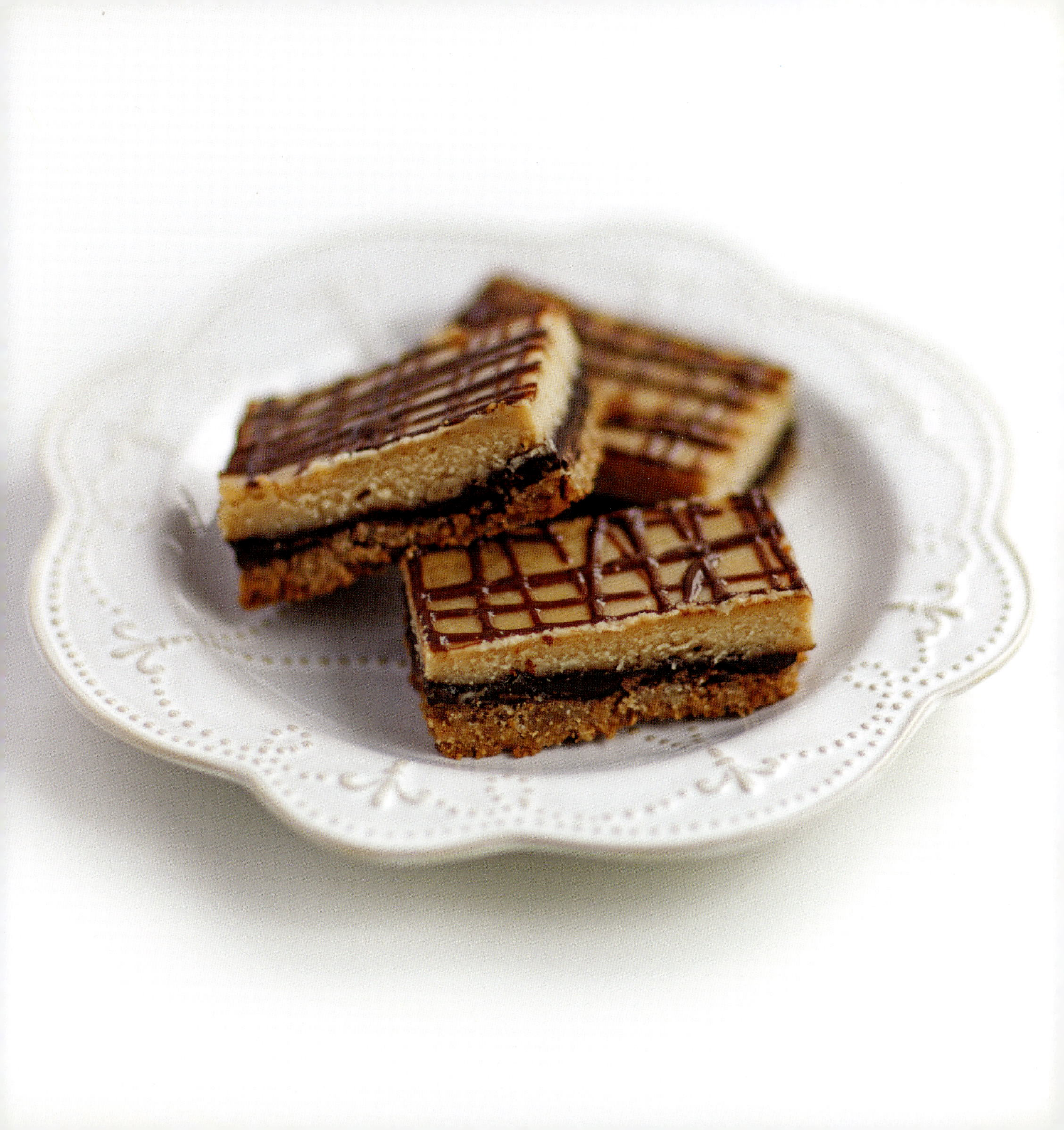

A receita do amor

Quem não ama não o conhece, pois Deus é amor.
—1 JOÃO 4:8

Quem ama nunca desiste, porém suporta tudo com fé, esperança e paciência.
—1 CORÍNTIOS 13:7

No amor não há medo... —1 JOÃO 4:18

Continuem a amar uns aos outros como irmãos em Cristo.
—HEBREUS 13:1

... continuem unidos comigo por meio do meu amor por vocês.
—JOÃO 15:9

Conheça-o profundamente. Jogue fora todo o medo e toda a dor. Permaneça nele com paciência e confiança. Junte todos os ingredientes restantes e os misture bem. Leve ao coração pré-aquecido, obediente e rendido ao Deus que é "fogo consumidor" (HEBREUS 12:29).

Cheia de devoção e alegria, sente-se à mesa de baquete do Rei, experimente esta deliciosa receita de amor verdadeiro e a sirva ainda bem quente ao seu próximo.

Torta de Ricota

- 300g de ricota
- 4 ovos
- 1 lata de leite condensado
- ½ xícara de leite
- ½ xícara de açúcar
- 2 colheres (sopa) de maisena
- 2 colheres (sopa) de margarina

Bata tudo no liquidificador e despeje em uma forma untada. Leve ao forno pré-aquecido a 180 graus por 45–50 minutos. Sirva quentinha com geleia de frutas ou mel. Aconchegante.

Senhor, te louvo pelo banquete que me serves todos os dias, quando posso experimentar as delícias da vida em Cristo. Isso me faz tão feliz!

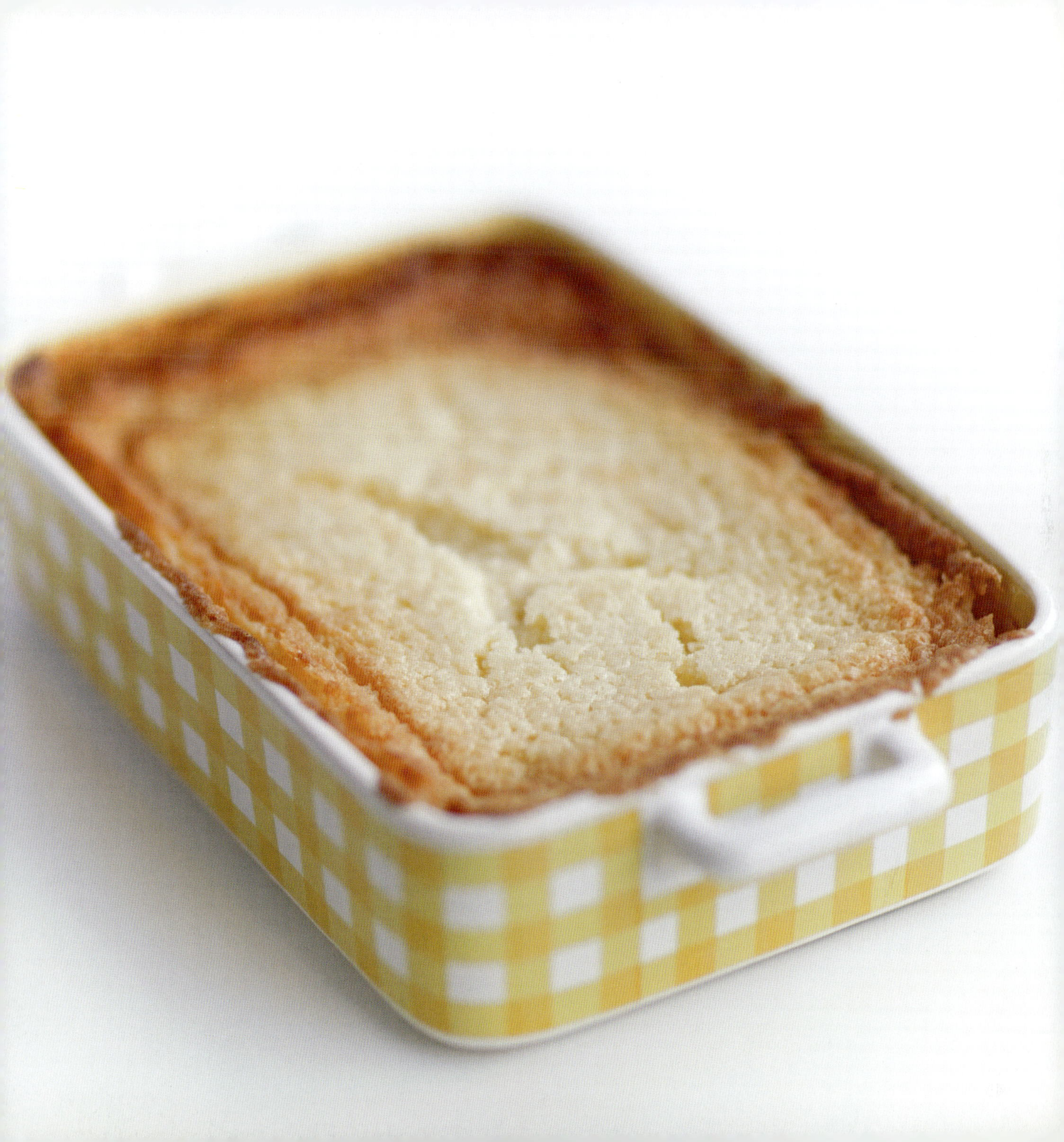

O sal

Vocês são o sal para a humanidade...
—MATEUS 5:13

O sal é necessário no nosso organismo para a contração muscular, incluindo as batidas do coração, e para a transmissão dos impulsos nervosos. Sua função é muito importante, porém não precisamos de grande quantidade dele; um pouquinho de sal por dia é o suficiente. Uma colher pequena também é suficiente para dar sabor. O sal nunca deve aparecer mais do que o alimento.

Quando Jesus afirma que nós, Seus seguidores, somos o sal da terra, parece dizer que há em nós o belo poder de sermos uma minoria dissolvida em um mundo mal, preservando e realçando o que ainda resta de doce na sociedade.

Transmitir o amor de Deus, diminuir para que Ele cresça e nos diluirmos solitariamente no meio da multidão perdida é a nossa missão. Saiamos do úmido e escuro confortável saleiro para que todos conheçam a deliciosa boa notícia, o evangelho. Para isso, "que Ele cresça e eu diminua".

Panquecas de banana

- 1 banana grande amassada
- 2 ovos
- 1 xícara de aveia
- 1 colher (chá) de essência de baunilha
- ½ colher (chá) de canela em pó
- ½ colher (chá) de bicarbonato
- 1 pitada de sal

Triture a aveia no liquidificador. Adicione os ingredientes restantes e bata até formar um creme. Numa frigideira untada e quente, derrame uma concha da massa e quando ela ficar com bolhinhas na superfície e com a borda levemente dourada, é hora de virá-las. Deixe por mais alguns segundos antes de servi-las com mel, geleia ou manteiga. Fácil, fácil, fácil!

Envia-me, Senhor. Para onde me mandares, irei.

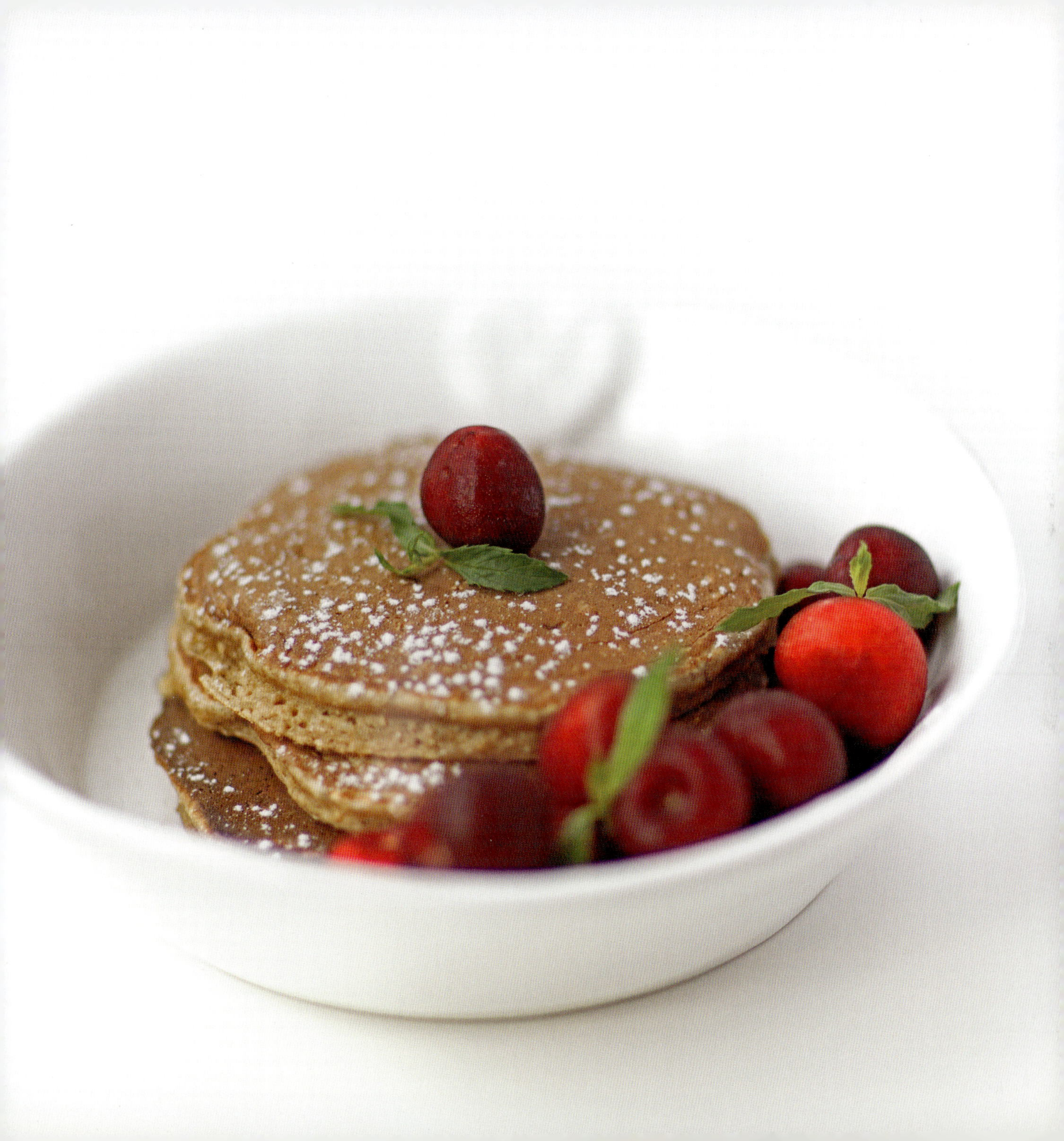

Quando Ele vem

... O seu rosto brilhava como o sol do meio-dia.
—APOCALIPSE 1:16

Ele é tão grande que não cabe só no céu. Ele me vê. Ele desce do Seu trono de glória, vem até mim e me abraça. No colo de Sua Majestade, eu descanso. Aconchego-me em Seu ombro revestido com um macio manto de paz. O sol que brilha sobre meu rosto e me aquece, é o Seu rosto. Em Seus braços eu encontro a proteção e a satisfação que nunca encontrei em outro. Sua voz é um suave e doce trovão. Aquele que criou cada ponta de estrela, me recebe e fica comigo. Em Sua presença posso chorar porque Ele já chorou também e continuou sendo o Deus forte. Em Sua presença posso dançar porque Ele é o Ungido com óleo de alegria. Em Sua presença, posso ser quem sou: a filha amada do Rei.

Torrões de açúcar

- 1 xícara de açúcar granulado
- 1 colher (sopa) de água
- Gotinhas de corante para alimento (opcional)
- 1 forminha para microondas

Misture o açúcar, a água e o corante. Coloque a mistura na forminha e aperte bem. Retire o excesso de açúcar com um pincel. No micro-ondas, esquente o açúcar por 30–40 segundos, deixe esfriar e retire os cubinhos com cuidado. Se preferir, espere secar em temperatura ambiente por cerca de 2 horas ao invés de usar o micro-ondas. Uma fofura!

A doçura da Tua beleza me envolve e me traz a paz.

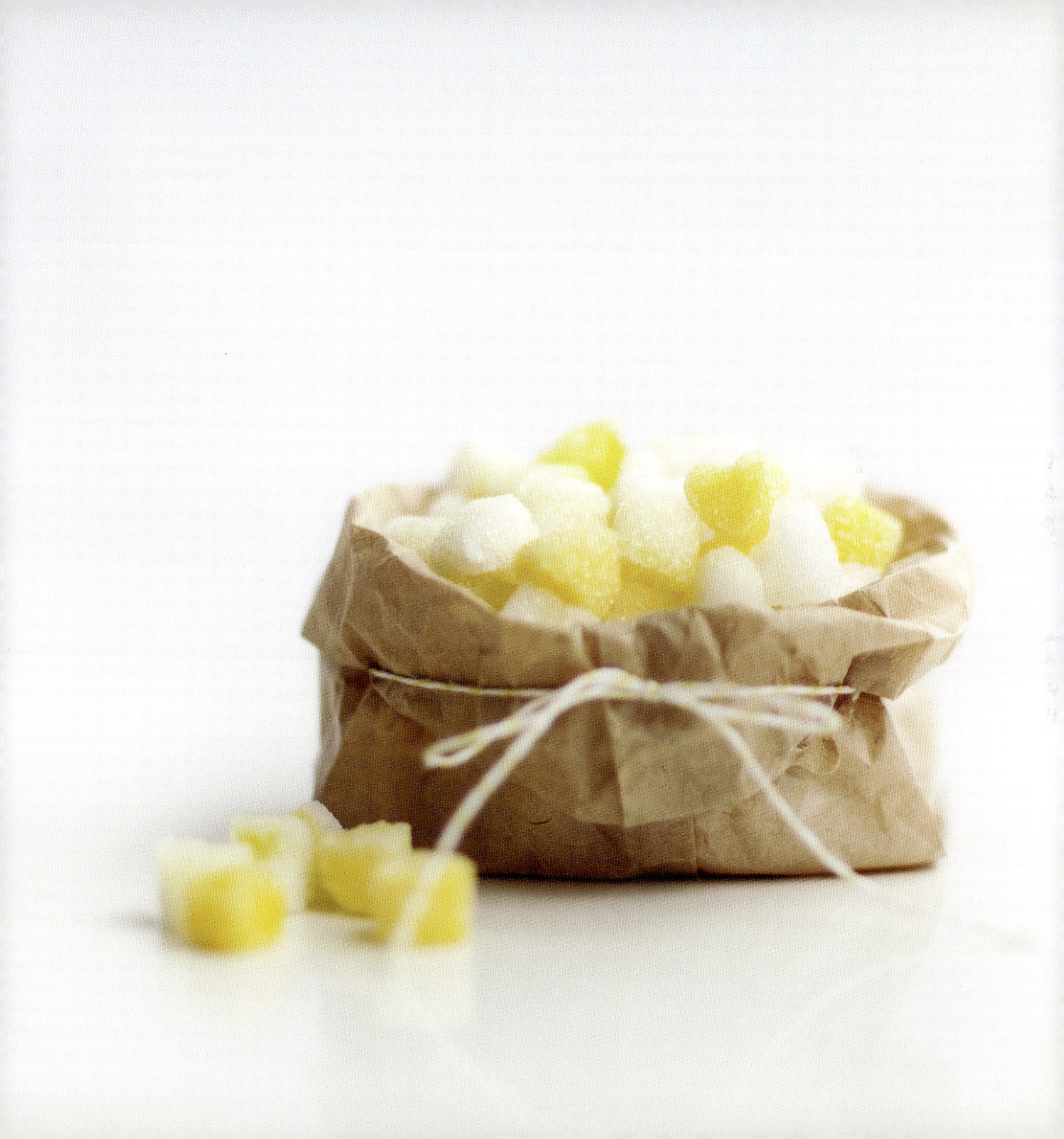

POTPOURRI PARA PERFUMAR O AMBIENTE

PESOS E MEDIDAS

O transbordante

Para casa e cozinha

Cheiro suave de louvor

... Que a vida de vocês seja dominada pelo amor, assim como Cristo nos amou e deu a sua vida por nós, como uma oferta de perfume agradável e como um sacrifício que agrada a Deus!
—EFÉSIOS 5:2

Tu és o meu Deus! Tu és Espírito infinito e perfeito. O santo Pai de Amor! Onipresente, onipotente e onisciente: não tenho como te resistir. Tu és sempre fiel e misericordioso, apesar dos meus teimosos erros. Oh Senhor, és um, único. Imenso! Imutável, és tão paciente comigo. E eu te louvo por isso. Agradeço-te, louvo também porque me criaste e te revelaste a mim por intermédio de Teu filho Jesus, o meu Salvador. Eu te louvo porque nosso relacionamento não se trata de eu me oferecendo em sacrifício a ti, mas de meu Deus se oferecendo em um suficiente sacrifício a mim. Eu aceito Teu presente e, consequentemente, me ofereço a ti também.

Na verdade, eu me rendo! A cruz bastou para me lavar os pecados e tirar todo o cheiro de morte impregnado na minha vida. Hoje estou limpa, perdoada, restaurada e livre! Aleluia! Eu sempre te louvarei e anunciarei Tua beleza e Teu carinho. Quero exalar gratidão e a paz que encontrei em ti. Quero me derramar em Tua presença. Pela Tua graça, quero sempre ser Teu bom perfume por onde eu for. Esta é minha oração.

Potpourri para perfumar o ambiente

Potpourri de limão e alecrim
- 4 xícaras de água
- 2 limões fatiados
- Pequenos galhos de alecrim
- 1 colher (sopa) de essência de baunilha

Potpourri de lavanda
- 4 xícaras de água
- Galhos de lavanda
- 1 noz moscada
- 3 paus de canela

- 1 colher (chá) de cardamomo
- 1 colher (chá) de cravo

Potpourri chai
- 4 xícaras de água
- 4 colheres (chá) de cascas de laranja
- 1 maçã cortada ao meio
- 1 colher (chá) de cravo
- 1 colher (chá) de cardamomo
- 3 estrelas de anis
- 3 ramas de canela

Misture todos os ingredientes em uma panela e aqueça em fogo bem baixo. O aroma suave e gostoso começará a invadir sua casa. Você pode manter o *potpourri* assim por algumas horas, adicionando mais água quando necessário. Também pode usar uma panela elétrica ou um pequeno *rechaud*. Poderá mantê-los prontos em potes de vidro na geladeira por semanas ou até mesmo congelá-los. Um *potpourri* pode ser também um lindo presente! Use sua imaginação e crie sua própria receita.

Ofereço-me para ser Teu bom perfume pelo caminho. Usa-me

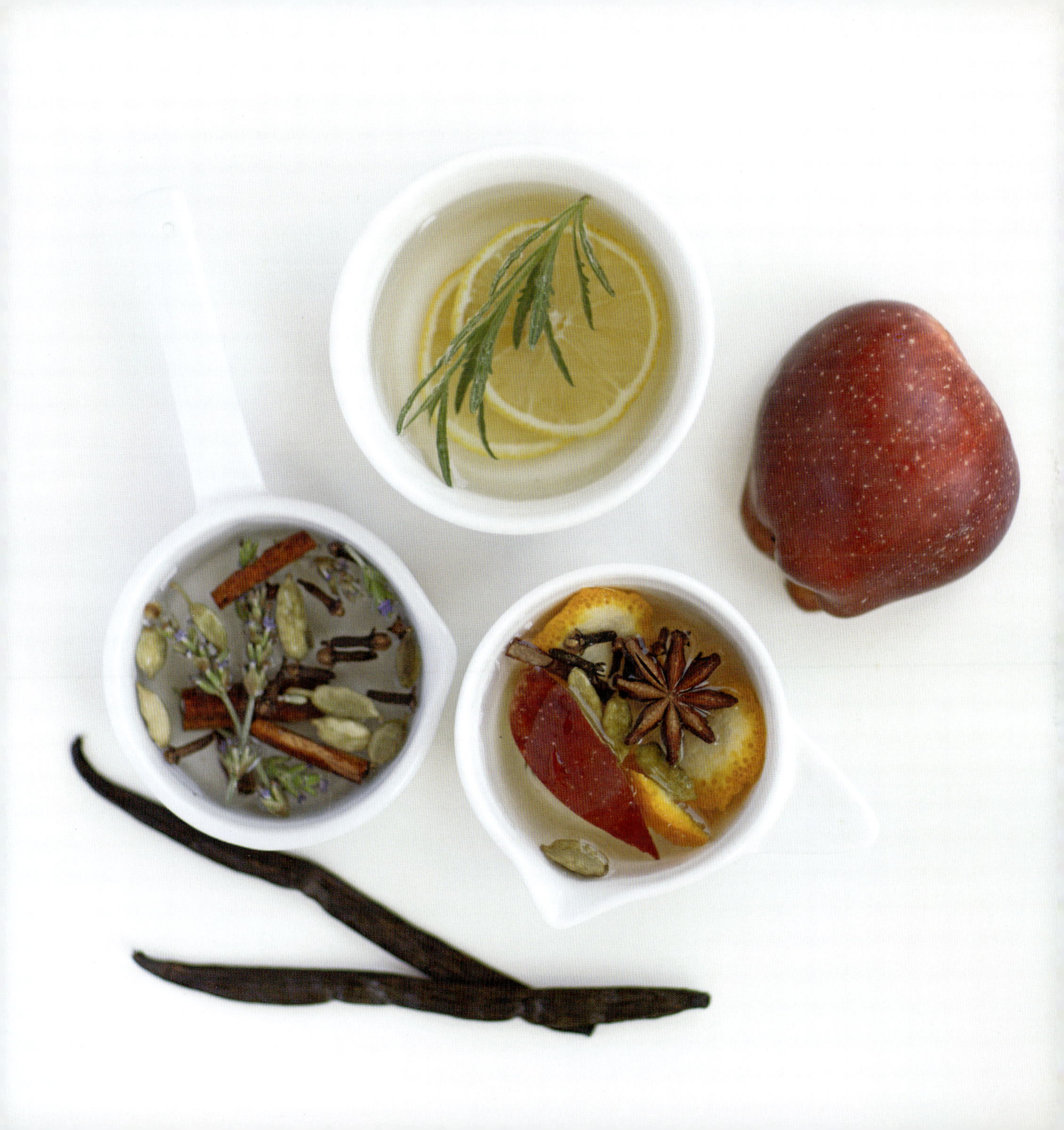

Pesos e Medidas

Líquidos (leite, água, óleo, café)

- 1 xícara = 240ml
- ½ xícara = 120ml
- 1/3 xícara = 80ml
- ¼ xícara = 60ml
- 1 colher (sopa) = 15ml
- 1 colher (chá) = 5ml

Manteiga (margarina e gordura vegetal)

- 1 xícara = 200g
- ½ xícara = 100g
- 1/3 xícara = 65g
- ¼ xícara = 16g
- 1 colher (sopa) = 20g

Farinha de trigo

- 1 xícara = 120g
- ½ xícara = 60g
- 1/3 xícara = 40g
- ¼ xícara = 30g
- 1 colher (sopa) = 10g
- 1 colher (chá) = 3g

Pesos e Medidas

- 1 litro = 4 copos americanos = 6 xícaras
- 1 xícara = 16 colheres (sopa) = 240ml
- 1 colher (sopa) = 3 colheres (chá) = 15ml
- 1 colher (chá) = 1/3 colher (sopa) = 5ml
- 1 cálice = 9 colheres (sopa) de líquido
- 1 quilo = 5 e ¾ xícaras
- 250 g de manteiga = 1 e ¼ xícara
- ¼ de xícara de manteiga = 4 colheres (sopa)
- 1 colher (sopa) de óleo = 10g
- 1 colher (sopa) de sal =13g
- 1 colher (chá) de sal = equivale a 5g
- 1 colher (sopa) de fermento em pó = 12g
- 1 colher (chá) de fermento em pó = 5g
- 1 xícara de coco ralado seco = 75g
- 1 xícara de óleo = 170g

1 pitada = é o tanto que se pode segurar entre as pontas de dois dedos

CAFÉS DO BRASIL

180 GRAUS — Medida transbordante
© 2016 por Cristina Girardi Schatzmann
Revisado e editado por Publicações Pão Diário sob acordo especial com Cristina Girardi Schatzmann

Edição e coordenação editorial: Dayse Fontoura
Revisão: Lozane Winter, Thaís Soler
Diagramação: Audrey Novac Ribeiro
Fotos: © Fernando Schatzmann (www.fschatz.com)

Dados Internacionais de catalogação na Publicação (CIP)
Schatzmann, Cristina Girardi
180 GRAUS — Medida transbordante
1. Vida Cristã   2. Fé   3. Reflexões   4. Gastronomia

Proibida a reprodução total ou parcial, sem prévia autorização, por escrito, da editora.

Todos os direitos reservados e protegidos pela Lei 9.610 de 19/02/1998.

Exceto quando indicado no texto, os trechos bíblicos são da Nova Tradução na Linguagem do Hoje © 2011 Sociedade Bíblica do Brasil

Publicações Pão Diário
Caixa Postal 4190, 82501-970
Curitiba/PR, Brasil
Email: publicacoes@paodiario.org
Internet: www.paodiario.org
Telefone: (41) 3257-4028

Código: NR452
ISBN: 978-1-68043-223-7

1.ª edição: 2016
Impresso na China

www.menu180graus.com